AF450850

DE L'AVTHORITÉ DE S. PIERRE, ET DE S. PAVL, QVI RESIDE DANS LE PAPE, SVCCESSEVR DE CES DEVX APOSTRES.

Où sont representez les sentimens des Escritures, des Saints Peres, & particulierement des Papes, & de toute l'Eglise Romaine sur cette matiere.

POVR SERVIR DE RESPONSE Aux accusations atroces & injurieuses qu'on a formées contre cette Proposition du Liure de la Frequente Communion : *Que S. Pierre et S. Paul sont les deux Chefs de l'Eglise, qui n'en font qu'vn.*

DE L'AVTHORITÉ DE S. PIERRE, ET DE S. PAVL,

QVI RESIDE

DANS LE PAPE,

SVCCESSEVR DE CES DEVX APOSTRES.

Où sont representez les sentimens des Escritures, des Saints Peres, & particulierement des Papes, & de toute l' Eglise Romaine sur cette matiere.

POVR SERVIR DE RESPONSE
Aux accusations atroces & injurieuses qu'on a formées
contre cette Proposition du Liure de la Frequente
Communion : *Que S. Pierre* et *S. Paul sont les
deux Chefs de l' Eglise, qui n'en font qu'vn.*

DE L'AVTORITE'
DE SAINCT PIERRE,
ET DE SAINCT PAVL,
QVI RESIDE DANS LE PAPE,
Successeur de ces deux Apostres.

*Où sont representez les sentimens des Escritures, des Saincts Peres,
& particulierement des Papes, & de toute l'Eglise
Romaine sur cette matiere.*

POVR SERVIR DE RESPONSE

Aux accusations atroces & iniurieuses qu'on a formees
contre cette Proposition du Liure de la Frequente
Communion, *Que S. Pierre & S. Paul sont les
deux chefs de l'Eglise, qui n'en font qu'vn.*

AVANT-PROPOS.

IL est permis à tous les hommes d'ignorer
beaucoup de choses, puisque c'est vne neces-
sité attachée à leur nature obscurcie par le
peché, laquelle s'adonnant au mauuais con-
seil de son ennemy, & ayant osé aspirer à la
science qui n'appartient qu'à Dieu seul, a merité de perdre celle qui appartenoit à sa condition, par la grace & par
la liberalité de celuy qui l'auoit creé dans vn estat tres-par-
fait & tres-heureux. Mais il n'est iamais permis de iuger, &
beaucoup moins de reprendre & de condamner publique-

ment ce qu'on ignore: n'y ayant rien de plus defraisonnable, que celuy qui veut apprendre aux autres ce qu'il n'a pas apris luy mefme; ny de plus iniufte, que celuy qui veut iuger de ce qu'il ne connoift pas. L'Apoftre diroit au premier, *Vous deuriez vous inftruire vous mefme, puifque vous voulez inftruire les autres*: Et au fecond, *En iugeant les autres, vous vous condamnez vous mefmes*: parce que quand bien il fe rencontreroit en effect qu'ils feroient coupables, vous ne laifferiez pas de commettre vne iniuftice, en les condamnant par paffion. & non par lumiere.

Le Prophete nous apprend que l'vne des chofes dont Dieu mefme a plus d'auerfion, eft de voir *vn pauure orgueilleux*: & qu'ainfi l'ignorance eftât vne pauureté de l'efprit, elle luy eft infuportable lors qu'elle eft prefomptueufe, & qu'elle rend l'hôme fi aueugle, que non feulement il ne conoift pas fon ignorâce, mais qu'il la préd pour vne fcience affeuree, qui luy donne en fuite la hardieffe de prononcer des condamnations & des cenfures contre les veritez les plus côftantes, & les plus appuyees de l'autorité de l'Eglife, comme contre des erreurs & des herefies indubutables.

C'eft ainfi que les Iefuites traittent dans la plufpart des libelles qu'ils font courir depuis 7. ou 8. mois, & dans les memoires qu'ils ont fournis à ceux qu'ils ont engagez dâs leur mauuaife caufe : cette propofition du liure de la Frequente Communion: *Que S. Pierre & S. Paul font les 2. Chefs de l'Eglife, qui n'en font qu'vn.* Il n'y a point de marques fi hôteufe qu'ils ne tafchent de luy imprimer, iufques à la faire paffer non feulement pour vne *erreur*, pour vne *extrauagance*, pour vne *chimere* ; mais auffi pour vne herefie qui ruine l'vnité de l'Eglife, qui y introduit *l'anarchie*, & qui merite que l'auteur foit mis au nombre non feulement des Herefiarques, mais des Tyrans & des Perfecuteurs, puis qu'il *veut abbatre la tefte de l'Eglife comme vn Herode.*

I'ay confideré long-temps ces excez auec compaffion, croyant que quand quelqu'vn fe voudroit venger de ces perfonnes, ce feroit vne affez grâde vengeance que de les laiffer dans l'erreur où ils meritent d'eftre abandônez par leur aueuglement volontaire; les mouuemens eftrâges de

Rom.t.
Ibid.

Eccli.15.7.4.

Pref. par. 17.
Eufebe à Polem. 2 par. let.
6.
Refpôfe à l'Apologie du fieur Arnauld,
pag. 16 & 26.
Monfieur l'Euefque de Lanaur, pag. 342
& 343.
Le mefme p. 331.

Eufebe à Poem. 2. par. let.
6.

ce *zele amer*, que S. Iacques condamne, ou pluſtoſt de cette
fureur, auec laquelle ils déchirent continuellement les
morts & les viuans dans leurs a libelles pleins de feu & de
ſang par des calomnies & des impoſtures groſſieres & viſibles, contre tonte ſorte; ie ne dis pas de pieté & de con-
ſcience, mais de raiſon & d'humanité, faiſant iuger que ce
ſeroit peut eſtre auoir quelque choſe de leur maladie, que
d'entreprendre de les guerir, & que cela n'appartient qu'à
vne grande miſericorde extraordinaire de Dieu, laquelle
peu de perſonnes ſont capables de leur obtenir, ſelon l'Eſcriture, & ſelon les Peres.

Mais me contentans de les laiſſer aux iugemens ſecrets
de la prouidence de Dieu, qui punit ſouuent les hommes
par des peines d'autant plus grandes qu'elles ſont plus ca-
chees; ie n'ay pû ſouffrir dauãtage de voir multiplier tous
les iours leurs eſcrits iniurieux contre vne verité impor-
tãte, qui ſe trouueroit en fin eſtouffee, & paſſeroit dans les
eſprits du monde pour telle qu'ils la repreſentent : puis
qu'ils l'ont pû perſuader à vn Eueſque, qui a bien voulu la
traiter comme eux dans vn liure qu'il a publié depuis peu
pour ſouſtenir leurs mauuaiſes maximes contre le iugement de ſeize Prelats, entre leſquels eſt ſon propre Arche-
ueſque; auquel pour le moins il deuoit vn peu plus de reſpect, ſelõ les regles de l'ordre Epiſcopal, & de l'Egliſe vniuerſelle. Mais il eſtoit impoſſible de defendre *les erreurs* &
les excez de ceux qui ſe ſont declarez ſi ſouuent les ennemis de la Hierarchie, ſans vn déreiglement & vn meſpris
viſible de cette meſme Hierarchie: & ſans cette circonſtã-
ce le liure de ce Prelat euſt eſté ſans doute moins agreable
à ces perſonnes, comme ne paroiſſant pas ſi conforme à
l eur eſprit & à leurs ſentimens.

Mais pour tenir quelque ordre dãs le ſujet que ie me ſuis
propoſé, ie taſcheray de mõſtrer deux choſes. La premiere,
Que S. Pierre & S. Paul ont eſté tous deux chefs de l'Egliſe
Romaine & vniuerſelle: Et la ſeconde, Que ces deux chefs
n'en faiſoient qu'vn. Ie le prouueray non par des raiſons
humaines & de ſyllogiſmes en forme, mais par des autoritez diuines, & par le conſentement de la tradition depuis

A iij

Ep. Iacob c 3. v. 14.

a Conformité de la doctrine du ſieur Arnauld & de S. Cyran.

Reſpõſe à l'Apol. du ſieur Arnauld.

Le faux Abbé de Boiſic. Euſebe à Polemarque, & autres.

Ambroſ. l. 1 de pœn. c. 8.

Matth. 26.

les Apoſtres iuſques à preſent ; en ſorte qu'on ne puiſſe plus s'y oppoſer ſans condamner toute l'Egliſe, non ſeulement *ancienne*, mais auſſi *preſente*, pour vſer des termes de la Theologie des Ieſuites. Ie reſpondray en ſuitte à leurs argumens, qui ſont tellement foibles, que i'eſpere auec l'aſſiſtance de Dieu, de faire voir qu'ils ne ſont que les effets du peu de cognoiſſance qu'ils teſmoignent de la doctrine Eccleſiaſtique : & qu'il n'y eut iamais lieu de dire auec plus de verité qu'en cette rencontre, *Ils condamnent tout ce qu'ils ignorent.*

Ep. Iudæ. v. 10.

ARTICLE I.

Que cette propoſition : Que S. Pierre & S. Paul ſont tous deux Chefs de l'Egliſe, n'oſte rien à l'autorité du Pape, ſelon les Ieſuites meſmes, & qu'elle luy eſt pluſtoſt aduantageuſe.

a Reſponſe à l'Apol du ſieur Arnauld p 16. b Ibid pag 24 Monſieur de Lauaur, p. 353. de la 1 part.

Le reproche que les Ieſuites font ſonner plus haut côtre cette verité, c'eſt, *Qu'elle eſgale* a *la puiſſance du Pape à celle des Eueſques, Qu'elle flatte* b *les Eueſques d'egalité auec le Pape : & Qu'elle ruine* c *ſon eſtat monarchique.* Il eſt aiſé de renuerſer d'abord cette accuſation par le iugement des Ieſuites meſmes plus moderez & plus habiles que ne ſont ceux-cy. Le Cardinal Bellarmin, qui eſtoit particulieremêt obligé de releuer l'honneur du ſiege Apoſtolique, par ſa qualité, & par ſa puiſſance, parlant de l'opinion de ceux qui ne ſe contentent pas d'egaller S. Paul à S. Pierre, mais qui le luy preferent en toutes choſes, encore qu'il ne la ſuiue pas, adouë neantmoins qu'elle ne bleſſe point l'autorité du Pape, & du S. Siege. *Quand il ſeroit vray,* dit-il, *que S. Paul deuroit eſtre preferé à S. Pierre en toutes choſes, cela ne pourroit nuire ny aux Papes, ny au ſouuerain Pontificat de S. Pierre. Il ne nuiroit point aux Papes, parce qu'ils reconnoiſſent S. Paul auſſi bien que S. Pierre pour leur Predeceſſeur & pour leur Pere. Car ces deux Apoſtres ont fondé & gouuerné l'Egliſe de Rome, comme S. Irenée entre autres le teſmoigne. Ainſi toute la gloire de S. Paul appartient aux Eueſques de Rome & aux Papes.* Que les Ieſuites maintenant

Etiamſi côſtaret Paulû omnibus nominibus Petro antepoſitû eſſe, nihil ad Romanis Pôtificibus officeret, aut etiam ipſi Petri ſummo Pôtifi. gatui. Non qui-

difputent contre le Cardinal Bellarmin, & qu'ils prouuēt par leurs iniures & par leurs outrages, qu'ils ont plus de lumiere & plus d'affection que luy pour defendre l'autori-té du S.Siege Apoftolique, & l'eftat monarchique de l'E-glife, Car fi ce Cardinal ne craint point d'affeurer, que ceux qui efleuent S. Paul par deffus S. Pierre auffi bien en puiffance qu'en vertu, ne diminuent point la grandeur du Siege Apoftolique, mais l'augmentent pluftoft, & la ren-dent plus glorieufe; puis que toute la gloire de S. Paul, cō-me celle de S. Pierre appartient aux Euefques de Rome; qui ne voit l'iniuftice auec laquelle on accufe de ruiner l'autorité du Pape, ceux qui efgallent feulement ces deux Apoftres?

Mais il eft arriué par vne merueilleufe prouidence de Dieu, pour les confondre encore dauantage, que le P. Pe-tau, qu'ils ont publié fi long-temps comme vn oracle, & qui eft le premier Athlete qu'ils ont oppofé au liure de la Frequente Communion, n'y a pas trouué cette erreur pre-tenduë, quoy qu'il y en ait trouué beaucoup d'autres, qui n'y font pas; & qu'au contraire il l'a approuuée & confir-mee comme vne verité, qui ne peut eftre blafmee par ceux qui entendent le Theologie. Car non feulement il rap-porte les paroles de Monfieur Arnauld, qui ont feruy d'a-choppement à ces grãds Theologiens, *Que l'on voit dans les deux Chefs de l'Eglife, S. Pierre & S. Paul, le modele de la penitēce,* fans y remarquer cette herefie chimerique: mais il tefmoi-gne qu'il eft luy mefme dans ce fentiment, lors qu'il dit que S. Paul eftoit *le Collateral* de S. Pierre, reconnoiffant par ce terme l'égalité, que Monfieur Arnauld eftablit en-tre ces deux Apoftres. Ce qu'il faut attribuer à la tradu-ction qu'il a fait de S. Epiphane, dans lequel il a trouué cet-te verité clairement exprimee, comme nous le verrons cy apres. Et cecy nous donne fujet d'efperer, que lors qu'il aura autant eftudié les autres Peres qu'il a eftudié celuy-là, il approuuera pareillement les autres veritez qu'il a com-battuës.

Tout ce qu'il y a à dire contre luy fur ce fujet, c'eft qu'il n'a pas rapporté toute entiere la propofition de Mõfieur

dem Romanis Pontificibus, quoniam ipfi ram Petrum quàm Paulum prædeceſſorem & parentem a-gnofcūt. Siqui-dem vterque Apoftolus Ro-manamEccle-fiam fundauit & gubernauit, vt præter alios teftatur Ire-næus. Itaque omnis Pauli gloria ad Ro-manos Ponti-fices pertinet. Bellarm l. 2. de Rom. Pontif. c. 27.

Liu. 1. pag. 168.

Pag. 272.

Arnauld, dont voicy les termes; *L'on voit dans les deux Chefs de l'Eglise, qui n'en font qu'vn, le modele de la penitence.* Il a retrã-ché ces paroles, *qui n'en font qu'vn,* lesquelles iustifient l'Auteur contre ceux qui l'àccusent de destruire l'vnité de l'Eglise, & de son Chef visible. Mais il y a apparence qu'il a fait cette omission par mesgarde, & auec plus de simplicité que son confrere le faux Eusebe, qui se sert de cette falsification pour declamer contre Monsieur Arnauld, comme s'il auoit *asseuré effrontement, qu'il y a deux Chefs en l'Eglise.* Et son insolence est d'autant plus insupportable, qu'il commet cette fausseté en protestant *qu'il ne veut pas imposer au lecteur:* quoy qu'apres auoir deschiré Monsieur Arnauld sur ces paroles tronquees, qu'il appelle *paroles de scandale,* & rapportãt sa proposition toute entiere, il descouure luy mesme son imposture. Mais il faut excuser Eusebe, si estant en effet Iesuite, quoy qu'il fasse l'Euesque, il se sert des armes de ses confreres, puis que ce sont les seules qui leur restét dans vne cause si desesperee, & que la verité & l'innocence ne peuuent estre combattuës que de cette sorte.

Il est donc estrange, & c'est vn merueilleux iugement de Dieu, que le premier & le plus considerable des Iesuites dans la guerre qu'ils ont declaree à la Penitence, & à la Tradition de l'Eglise, parce qu'ils tesmoignent ignorer l'vne, & qu'ils ne veulent point pratiquer l'autre, approuue comme vne verité, & par son silence & par ses paroles, ce que les autres condamnent & censurent d'vne maniere outrageuse, comme vne erreur qui ruine l'Eglise & le S. Siege.

Mais ils se trouue encore qu'ils enseignent publiquement dans leurs escholes, non seulement que S. Pierre & S. Paul ont esté ensemble Euesques de Rome, sans adiouster comme Monsieur Arnauld, qu'ils ne faisoient qu'vn mesme Euesque & vn mesme chef: mais qu'il y a eu souuét, & qu'il y peut auoir encores plusieurs Papes à la fois, dont mesmes les iurisdictions & la puissance soient partagez & les Sieges diuisez, ouurãt ainsi la porte aux schismes & à la confusiõ de l'Eglise. On a entre les mains plusieurs copies de leurs escrits, [a] qui font foy de ce que ie dis, & de plusieurs

Eusebe à Po-lem 2. part. lettr

a Escrits don-

fieurs autres erreurs tres-pernicieufes qu'ils enfeignent & nez par les Ie-
qu'ils infpirent à la ieuneffe, contre l'honneur de l'Eglife fuites à la Fle-
& du Pape,& contre la verité de l'Efcriture & de la Tradi- che & à Caën.
tion.

Ainfi c'eft vne hardieffe incroyable, & qui doit eftre ex-
tremement odieufe à tous ceux qui aiment la fincerité &
la modeftie,de declamer effroyablement contre vn homme,comme s'il auoit ruiné l'Eglife, & le fiege Apoftolique,parce qu'il propofe fimplement vne maxime que les
principaux de leur compagnie ne confeffent pas feulemét
eftre innocente,comme Bellarmin,mais qu'ils reconnoiffent pour veritable, lors qu'ils efcriuent contre Monfieur
Arnauld,comme le P.Petau; & qu'ils fouftiennent mefme
& enfeignent publiquement dans leurs efcholes de France,auec excez,& en des termes qui la rendent en effet auffi criminelle & auffi iniurieufe au S. Siege,& encore daua-
tage, qu'ils ne peuuent pretendre qu'eft celle contre laquelle ils s'emportent auec vne paffion fi démefuree.

Et cecy nous fait voir clairement que ce n'eft point l'affection qu'ils ont pour l'Eglife de Rome, qui les fait crier
contre Monfieur Arnauld,mais qu'ils tafchent feulement
de fe feruir de l'autorité du Pape, auffi bien que de toutes
les autres chofes, pour fatisfaire à leurs propres interefts,
afin de fe defcharger en quelque façon de la hôte qui leur
refte,de s'eftre engagez auec tant d'imprudence dans vne
affaire fi mauuaife & fi odieufe,dans laquelle ils font paroiftre tous les iours vne infuffifance & vne foibleffe, qui feroit incroyable fi on ne l'apprenoit d'eux mefmes & de
leurs propres efcrits ; & dont ils voyent qu'ils ne peuuent
plus fe tirer en aucune forte, qu'en tafchant d'éblouïr les
grands & les petits par des impoftures & des inuectiues
fanglantes: ne confiderât pas qu'ils fe perdent encore daua
uantage en cette maniere, & que s'ils font des *Geants* &
Monfieur Arnauld vn Pigmee,comme ils ont dit quelquefois,ils combattent en effect contre Dieu auffi bien que les
Geants, en voulant eftouffer la verité de l'Eglife, qui eft
auffi inuincible que Dieu.

B

ARTICLE II.

Preuue de cette verité par les tesmoignages des Papes,
& de l'Eglise Romaine.

IL n'y a rien qui puisse confirmer dauantage cette doctrine, & oster toute sorte de soupçon, qu'elle soit contraire à l'autorité du S. Siege, qu'en faisant voir, que c'est la
doctrine & la tradition du S. Siege, & des Papes mesmes.

S. Leon le Grand, qui a presidé par ses Legats au Concile de Chalcedoine, & qui a eu tant de zele pour conseruer la puissance que Dieu luy auoit donnee dans l'Eglise,
que Caluin pour cette raison, accuse d'orgueil & de pre-
somption, auec la mesme insolence qui le porte à censurer
les Peres encore plus anciens, lors qu'ils sont contraires
à ses erreurs & à ses heresies; S. Leon, dis-je, aux Sermons
qu'il faits expres dãs Rome, pour S. Pierre & pour S. Paul
dit, *Que la grace de Dieu les a esleuez à vne telle grandeur entre*
tous les membres de l'Eglise, qu'il en a fait comme les deux yeux du
Corps dont Iesus-Christ est la Teste. Et ainsi il iustifie l'vne des
propositions qu'on reprẽd en Monsieur Arnauld, qui est;
Que S. Paul est l'autre œil de la teste de Iesus Christ, comme dit
vn Pere.

Il adiouste, que *l'eslection de Iesus Christ les a rendus esgaux:*
qu'ils sont les Peres & les vrays Pasteurs de l'Eglise de Rome:
Que c'est par eux qu'elle a receu la lumiere de l'Euangile. Il les
cõpare à ces deux freres qui furent & les premiers Fondateurs, & les premiers Roys de cette ville. Il dit, *qu'ils l'ont*
fondee pour le Royaume du Ciel, beaucoup plus heureusement, que
ceux-là ne fonderent pour celuy de la terre, puis que l'vn d'eux la
souilla aussi tost, en respandant de sa propre main le sang de son fre-
re. Il dit, *que c'est d'eux qu'elle a receu la gloire d'estre la ville Sa-*
cerdotale, & Royale, & qu'estant le Siege sacré de S. Pierre, elle
est deuenuë la capitale de tout le monde, & a estendu plus loin son au-
torité par la religion diuine qu'elle n'auoit fait auparauant par la
puissance & la domination du siecle.

Que si l'esclat de ces paroles est capable d'ébloüir les

yeux des aduerſaires de cette doctrine, celles de S. Gregoire ne ſont pas moins fortes, quoy qu'elles paroiſſét moins
éclattantes. C'eſt dans le premier Liure de ſes Dialogues
dans leſquels s'entretenant auec Pierre Diacre, il luy parle de cette verité, comme d'vne choſe conſtante & recon-
neuë de tout le monde. *Ne ſçauez-vous pas*, dit-il, *que l'A-
poſtre S. Paul eſt vny à S. Pierre le premier des Apoſtres, comme à
ſon frere dans la primauté Apoſtolique ?* A quoy le Diacre reſpond : *Ie le ſçay fort bien, & perſonne n'en peut douter.* Ce qui eſt
tres-conforme aux paroles de S Leon, que nous auons ci-
tees auparauât, lors qu'il compare ces deux Apoſtres aux
deux freres Remus & Romulus, qui baſtirent Rome.

Et le meſme S. Gregoire a confirmé encore cette verité
apres ſa mort par vn miracle dont l'hiſtoire eſt rapporté
deuât les liures des Morales, dans l'impreſſion de ſes œuures faite au Vaticã, par l'autorité du Pape Sixte V. auquel
elles ſont dediees ; où il eſt eſcrit, que Tagion Eueſque de
Saragoſſe ayant eſté enuoyé de la part de Cyndeſindus
Roy d'Eſpagne, & d'vn Concile de 30. Eueſques aſſemblé
à Tolede, pour demander les liures des Morales de S. Gregoire, qui s'eſtoient perduẓ en Eſpagne ; & ceux qui eurẽt
charge de les luy donner, ne les pouuant trouuer parmy
vne grãde multitude des liures de la Bibliotheque de Rome, il demanda permiſſion de paſſer vne nuict en prieres ;
dans l'Egliſe de S. Pierre, pour recommander cette affaire
à Dieu. Eſtant là, il vit entrer ſur la minuict vne grãde ſuitte d'hõmes venerables, couuerts d'habits blancs, qui marchoient deux à deux vers l'Autel de ſainct Pierre : deux
deſquels s'eſtant approchez de luy, l'vn luy monſtra l'en-
droit où eſtoient les liures qu'il cherchoit ; & luy dit, *que
ceux de cette trouppe qui* MARCHOIENT LES PREMIERS, ET
S'EMBRASSOIENT EN PASSANT LES MAINS L'VNE DANS
L'AVTRE, *eſtoient les Bien-heureux Apoſtres S. Pierre & S.
Paul. Que ceux qu'il voyoit apres eux, eſtoient* LES EVESQVES
DV SIEGE APOSTOLIQVE QVI LEVR AVOIENT SVCCEDE'
Qu'ils les ſuiuoient dans le meſme ordre QV'ILS LES AVOIENT
SVIVIS DANS L'EPISCOPAT. *Et que comme ils auoient aimé cet-
te Egliſe durant leur vie, ils continuoient de l'aimer apres leur mort.*

B ij

quàm illi, quo-
rum ſtudio pri-
ma mœniu tuo-
rum fundamẽ-
ta locata ſunt :
ex quibus is
qui tibi nomẽ
dedit fraterna
te cæde fœda-
uit Iſtiſunt qui
te ad hanc glo-
riam prouexe-
runt, vt gens
ſãcta, populus
electus, ciuitas
ſacerdotalis &
regia, perſa-
cram B. Petri
ſedẽ caput or-
bis effecta, la-
tius præſideres
religione diui-
na, quàm do-
minatione ter-
rena Ibidem.
S. Gregor l. 1.
Dialog cap 12.
Nunquid nam
neſcis quoniã
Paulus Apollo-
lus Petro Apo-
ſtolorum pri-
mo in princi-
patu Apoſtoli-
co frater eſt ?
Petr. Diac.
Scio plane, nec
dubium eſt.

Duo illi, quos
præcedentes,
ſẽque inuicem
manu inſerta
vides comple-
ctentes, Beati
Apoſtoli ſunt,
Petrus & Pau-
lus Reliquive-
rò quos poſt
eos cernis ſtan-
tes, ipſi ſunt
ſucceſſores eo-

Et apres luy auoir descouuert qu'il estoit S. Gregoire, pour les liures duquel il auoit entrepris vn si long voyage, il se retira, & sortit de l'Eglise auec sa compagnie, en la mesme maniere qu'il y estoit entré. De sorte que Dieu ne s'est pas contenté d'appuyer cette verité par les tesmoignages de quelques Papes, mais il l'a voulu soustenir par l'autorité de tous les Papes ensemble, qui regnent dans le Ciel, & la confirmer par vn miracle qu'il semble auoir opposé par aduance aux prodiges des calomnies & des inuectiues qu'on publie aujourd'huy contre elle, puis que ce miracle est vne peinture visible de tout ce que dit Mr Arnauld sur ce suiet, & de tout ce que ses ennemis ne veulét point comprendre, & qu'il represente parfaitement l'égalité, & l'vnité de S. Pierre & de S. Paul, & nous fait voir que les Papes sont successeurs de l'vn & de l'autre.

C'est aussi ce que les souuerains Pontifes témoignent publiquemét dans leurs Bulles, non anciennes, mais nouuelles; & dans celles qu'ils font tous les iours, où ils declarent qu'ils tiennent leur autorité de S. Pierre & de S. Paul, comme de leurs predecesseurs. Cela se voit particulierement, sans parler des anciens Papes, ny des derniers, qui nous en monstrent quantité d'exemples, dans la Bulle de Paul III. pour la conuocation du Concile de Trente, où il dit qu'il agit dans cette affaire si importante *par l'autorité des bien-heureux Apostres S. Pierre & S. Paul, laquelle*, adjoute-t'il, *nous exerçons sur la terre.* Cela se voit encore dans celle de Pie IV. pour la continuation du mesme Concile, où il vse des mesmes termes. Car c'est le stile ordinaire des Bulles, sur tout dans les matieres importantes, Aussi pour menacer qu'ils vseront de leur puissance contre ceux qui ne leur voudrót point obeïr, ils ont accoustumé de dire *qu'ils encoureront l'indignation de Dieu & de S. Pierre & de S. Paul,* appellát indignation de S. Pierre & de S. Paul, celle qu'ils auront eux mesmes, comme tenans leur place sur la terre.

On voit aussi tousiours les figures de ces deux Apostres dans les Bulles & dás les seaux des Papes, qui sont les marques de leur autorité & de leur puissance; pour monstrer qu'elle vient d'eux comme des tiges de la succession Pontificale, & qu'ils viuent encore & gouuernent l'Eglise dans leurs successeurs, comme les Papes l'ont declaré plusieurs fois. Il se trouue encore que dans ces mesmes Bulles & ces mesmes seaux Apostoliques, l'on donne quelquefois la droite à saint Paul, & quelquefois à saint Pierre; pour marquer qu'ils ne sont qu'vne mesme chose, & que leur esgalité & leur vnité parfaite ne souffre point de preseance reglée.

C'est ce qui paroist encore par les protestations solemnelles de l'Eglise Romaine dans l'Office, où elle reconnoist tous les iours l'esgalité de ces deux Apostres, comme de ses Peres & de ses Princes, lors qu'elle dit à Dieu, *qu'ils* [a] *luy ont enseigné sa loy, & que c'est d'eux* [b] *qu'elle a pris l'origine de sa religion*, c'est à dire qu'ils sont ses maistres, ses peres, & ses pasteurs. Elle les appelle, [c] *Princes de la terre*. Elle dit qu'ils sont *esgalement* [d] *iuges du monde, & Princes* [e] *de Rome ; Que Dieu leur a donné* [f] *à tous deux la puissance de lier & de deslier* ; & que nous [g] *sommes gouuernez par leur principauté*, qui demeure tousiours dans leurs successeurs.

Elle publie aussi leur vnité merueilleuse, lors qu'elle dit d'eux en particulier, que *comme* [h] *ils se sont aimez durant leur mort*, ayant esté martyrisez en vne maniere extraordinaire, en vn mesme iour, en vne mesme ville, par vn mesme tyran, & pour vn mesme sujet general & particulier, non seulement en haine de la religion Chrestienne, mais aussi parce que, comme saint Maxime Euesque de Turin le tesmoigne, *ils firent tomber* [i] *du haut de l'air par leurs prieres Simon le magicien*, qui estoit aimé de Neron.

Mais cette Eglise rend vn tesmoignage encore plus singulier à l'vnité de ces grands Apostres par la coustume ancienne qu'elle obserue, de ne faire iamais commemora-

f Deus qui ligandi soluendique licentiam tuis Apostolis contulisti Lib. Sacram. S. Gregor. in Vigilia Sanct. Apostol.

g Beatorum Apostolorum tuorum Domine, Petri & Pauli desideria solemnia recensentes, præsta quæsumus, vt eorum supplicationibus muniamur, quorum regimus principatu. Idem in Octaua eorumdem

h Quomodo in vita sua dilexerunt se, ita & in morte non sunt separati. Offic. Rom. in commemor. comm. SS. Apost.

i Videamus causam quare ista perpessi sunt: scilicet quod inter cætera mirabilis etiam magnum illum Simone narrationibus suis de aëris vacuo præcipiti ruina prostrauerunt. S. Maxim. hom. 5. de SS. Apost. Petro & Paulo.

Si quis autem hoc attentare præsumpserit, indignationē omnipotentis Dei, ac beatorum Petri & Pauli, Apostolorum eius, se nouerit incursurum In Bullis passim.

a Ipsi nos docuerūt legem tuam domine. Offic Rom. in commemor. Apost. Petri & Pauli.

b Da Ecclesiæ tuæ eorum in omnibus sequi præceptū, per quos religionis sumpsit exordium. Idem & in festo Apostol.

c Gloriosi principes terræ. Idem in commemor. com.

d Ianitor cæli, doctor orbis pariter. Iudices secli, vera mūdi lumina. In Hymno Vesp. SS Apo.

e O felix Roma, quæ tantorum principum, &c.

tion de l'vn dans l'Office, qu'elle n'y adiouſte celle de
l'autre: comme ſi elle croyoit que ce ſeroit faire vne eſpe-
ce de ſchiſme que de ſeparer par ſes prieres ceux queDieu
a vnis ſi admirablement au ciel & en la terre par leur charité & par leur charge, & que cette diuiſion rendroit ſes
oraiſons moins agreables & à ces grands Sainéts, & à Dieu
meſme. De ſorte que cette pratique ſacrée & inuiolable
de l'Egliſe eſt comme vne proteſtation perpetuelle de ſa
perſeuerance, non ſeulement dans la foy qu'elle a receuë
de ces Maiſtres diuins, mais auſſi dans l'vnité qu'ils
ont euë enſemble,& qu'ils ont tranſmiſe à tous les Papes
qui leur ſuccedent, afin qu'ils ſoient apres eux le fondement & le centre de l'vnité Sacerdotale, comme parlent
les Peres, par laquelle tous les vrais enfans de Ieſus-Chriſt
doiuent eſtre ioints dans vn meſme troupeau, & dans vn
meſme corps, pour pouuoir eſtre ſauuez.

ARTICLE III.

Preuue de cette verité par le teſmoignage des
autres Peres.

IL ſemble que la Tradition continuelle de l'Egliſe Romaine pourroit ſuffire pour perſuader aux plus incre-
dules, que l'égalité de la puiſſance de ſainét Paul auec celle de ſainét Pierre ne ſçauroit eſtre raiſonnablement con-
teſtee,& qu'elle ne diminuë en rien la grandeur & la gloire de cette Egliſe, ny celle du Chef qui la gouuerne, &
qui preſide à toute la terre. Mais cela paroiſtra encore dauantage par le conſentement des autres Peres, apres lequel on s'eſtonnera ſans doute, qu'on ait attaqué auec
tant d'iniures vne doétrine eſtablie par les plus grandes
lumieres de l'Egliſe.

On ne ſçauroit ſouhaiter vn témoignage plus formel que
celui de S. Epiphane, qui aſſeure que *S. Pierre & S. Paul ont*
eſté les premiers Apoſtres & Eueſques tout enſemble de la ville de
Rome: Que Linus leur a ſuccedé, & Cletus à Linus, & Clemẽt à Cle-

tus. C'est vne confirmation visible de ce que S. Grégoire fit voir à cet Euesque de Saragosse dans l'Eglise de S. Pierre, dont nous auons parlé auparauant où les deux Apostres S. Pierre & S. Paul marchoient à la teste des Papes qui leur ont succedé, en se tenãt l'vn l'autre, & s'embrassant d'vne façon toute particuliere.

S. Irenee dit qu'ils ont fondé l'Eglise de Rome, en ces mots: *l'Eglise de Rome a esté fondee par les deux glorieux Apostres S. Pierre & S. Paul.* C'est le langage ordinaire des anciens lors qu'ils parlent de ces deux Apostres: par lequel ils marquent leur primauté & leur autorité sur cette Eglise. Car en estant les fondateurs, ils en sont les Peres, & par consequent les superieurs: qui sont aussi les tiltres que S. Leon leur donne. ET S. Paul pouuoit dire de l'Eglise de Rome, aussi bien que des Corinthiens, *Vous estes mon ouurage en Iesus-Christ,* &, *Ie suis vostre pere, vous ayant engendré par l'Euangile.* C'est pourquoy S. Cyrille de Ierusalem les appelle Chefs de cette Eglise, lors qu'il dit, *que S. Pierre & S. Paul Chefs de l'Eglise, se rendirent à Rome.* ET S. Chrysostome se seruant de la comparaison de S. Leon, que nous auons rapportees cy-dessus, dit non seulement de leurs personnes viuantes, mais aussi de leurs corps morts, qu'ils sont les deux yeux de cette ville, qui est la teste de tout le monde. *Rome, dit il comme vn grãd & puissant corps, a deux yeux illustres, qui sont les corps de ces deux Saincts.* Et s'expliquant dauantage il adiouste, *que sainct Paul est auec sainct Pierre le Prince & le Chef de l'assemblee des Saincts.*

Sainct Ambroise les appelle Maistres des nations & Princes des Prestres: & tesmoigne que c'estoit la commune creance de toute l'Eglise, & mesme du peuple, auquel il parle en cette sorte: *Vous sçauez que Sainct Pierre & Sainct Paul sont les Maistres & les Docteurs des nations, les Chefs des Martyrs, & les Princes des Prestres.* Il les appelle Chefs des Martyrs, non seulemens à cause de leurs charges, parce qu'estant Princes des Prestres, ils l'estoient par consentement de tout le reste de l'Eglise, de laquelle les Prestres par eminence, *Sacerdotes,* c'est à dire, les Euesques, selon

ἀπόστολοι αὐ- τοὶ κỳ Ἐπίσκο- ποι, εἴτε Λί- γος, εἴτε Κλᾶ- τος, εἴτε Κλή- μης.

Epiph. hæref. 27. Carpoc.
Iren l.3.c.3.
Vide Dionyf. Corinth. apud Euseb.l.2 hift. c.25 & Caium ibid quem videtur dicere Episcopum.
vide Tertull. l.4.cõtra Marci cap 5 & præscript c.33. &c.
S. Leo sup. art. 2.
1 Cor 9 v.1.
Ibid c.4. v 15.
Cyrsl. Hierof. Catech 6 ad illumin.

Chryf.hom. 32. in epist. ad Rom.
Ibidem.

petrũ & paulum esse scitis Doctores Gẽtium, Auctores martyrũ, principes Sacerdotum Ambrof. serm 1 de Sãctis, alias 28.

le langage des anciens, sont les Princes & les Peres; mais aussi parce que la premiere persecution, qui fut celle de Neron, cōmença par eux: & qu'ainsi ils furent les premiers Martyrs dans l'Eglise des Payens, comme S. Estienne l'auoit esté dans celle des Iuifs, marchans à la teste de cette multitude glorieuse des Martyrs, qui les ont suiuy dans toute l'estenduë de l'Empire Romain, comme leurs chefs & leurs modeles.

S. Maxime ancien Euesque de Turin, & disciple de S. Ambroise, les appelle Princes des Eglises, & Princes de la foy Chrestienne. *Il estoit raisonnable, dit-il, que les Princes des Eglises mourussent au mesme lieu, où residoient les Princes des Romains:* comparant leur Principauté à celle des Empereurs, & signifiant par cette comparaison qu'ils estoient Chefs de l'Eglise de Rome, & de toutes les autres, & comme les Empereurs l'estoient de la mesme ville, & de tout l'Empire Romain. Il adiouste, *qu'ils ont receu tous deux les clefs de Iesus.Christ, l'vn celle de la science, & l'autre celle de la puissance.*

L'Auteur des Commentaires sur S. Paul, qui est parmy les œuures de S. Ambroise, lequel le Cardinal Bellarmin attribuë à Hilaire Diacre de l'Eglise de Rome, qui viuoit sous le Pape Damase au quatriesme siecle; dit que S. Paul alla voir S. Pierre en Ierusalem, *non [a] pour apprendre quelque chose de luy, ayant desia esté instruit par celuy mesme qui auoit instruit S. Pierre, mais à cause de l'affection Apostolique qu'il luy portoit, & pour luy faire sçauoir que la mesme puissance que S. Pierre auoit receuë, luy auoit esté donnee. Et qu'ainsi S. Pierre l'ayant receu en sa maison, il demeura quinze iours auec luy, comme n'ayant qu'vne mesme ame, & vn mesme Apostolat.* A quoy il adiouste le consentement des autres Apostres, disant; [b] *qu'ils approuuent le don que Dieu luy auoit fait, en le rendant digne d'auoir la primauté pour prescher les Gentils, comme sainct Pierre les Iuifs. Qu'il [c] a voulu conseruer la primauté que Dieu luy auoit donnee, comme il l'auoit donnee à S. Pierre seul parmy les autres Apostres.*

Vt vbi Gentilium Principes habitabant, illic, Ecclesiarum Principes morerentur. S Maxim. ho. 5. de SS. Apost. Petro & Paulo.

Ambo igitur claues à Domino perceperunt, scientiæ iste, ille potentiæ Ibid.

[a] Cupiit videre Petrum, nō vtique vt aliquid ab eodisceret, quia iā ab autore didicerat, à quo & ipse Petrus fuerat instructus, sed propter affectum Apostolatus, & vt sciret Petrus hanc illi datā licētiam, quam & ipse acceperat. Veniens ergo ad eum, hospitio receptus est, & apud eum mansit dies quindecim, quasi vnanimus & coapostolus. In cap 1. ad Galat. [b] Ab Apostolis probatum dicit Paulus donum quod accepit à Deo, vt dignus esset habere primatum in prædicatione gentium, sicut & habebat Petrus in prædicatione circumcisionis Idem in cap. 1 Gal. [c] Gratiam primatus sibi vindicat concessam à Deo, sicut & soli Petro concessa est inter Apostolos Ibid.

Et en

Et en fin que *[d]* *sainct Pierre & luy se defererent reciproquement l'honneur de la primauté.*

S. Pierre Damien, Cardinal & Euefque d'Oftie, femble paffer encore plus auant, lors qu'il compare fainct Paul à Iefus-Chrift mefme, en cette forte: *S. Paul, s'il [e] eft permis de parler ainfi, eft en quelque façon femblable à Iefus-Chrift, en ce qu'il ne prefide pas à vne Eglife feule, mais à toutes les Eglifes.* Et ailleurs; *il [f] me femble fans faire tort aux autres Apoftres, que S. Paul prefide à toutes les Eglifes, comme Iefus-Chrift.* Et encore apres; *Il [g] eft fans doute, qu'il a fondé l'Eglife vniuerfelle, dans toute l'eftenduë de la terre, & qu'ainfi il prefide à toutes les Eglifes.* D'où il s'enfuit qu'il eft particulierement Vicaire de Iefus-Chrift, fon Lieutenant fur la terre, Pere & Chef de l'Eglife vniuerfelle, qui font les tiltres les plus aduantageux qu'on puiffe donner à fainct Pierre; & qu'il a encore ce priuilege par deffus luy, qu'il a fondé toutes les Eglifes du monde; ce qu'on ne fçauroit dire de fainct Pierre; Et qu'ainfi il eft pere de toutes les Eglifes en vne maniere, qui ne conuient pas à fon Collegue, felon la penfee de ce grand perfonnage, qui a efté l'ornement de l'Eglife de Rome, & Doyen du College des Cardinaux.

En fin cette verité a efté tellement reconnuë de tout temps parmy les Chreftiens, qu'il a paffé iufques aux fimples filles, qui n'ont efté nourries que du laict de l'Eglife, & des lumieres du S. Efprit. Car il fe trouue que fainte Catherine de Sienne, qui a efté fi particulierement efclairee de Dieu, & qui a tant trauaillé pour les Papes & pour le fainct Siege, en a parlé comme d'vne chofe conftante, & que perfonne ne reuoquoit en doute, lors qu'elle a appellé l'Eglife de Rome, le Siege de S. Pierre & de S. Paul, efcriuant vne lettre fur le fujet du Pape, où elle dit de luy: *Le voicy qu'il s'apprefte pour venir au premier iour fe rendre entre les bras de fon Efpoufe, ie veux dire le fiege de fainct Pierre & de fainct Paul.*

Ie ne penfe pas qu'il y ait Catholique, qui veüille refifter à tant d'autoritez euidentes des Peres, & des Saincts de tous les fiecles. Et ie croy que ceux qui auroient la hardieffe de le faire, ne feroient pas trop efloi-

---

Notes marginales :

[d] Honorificē-tiā primatus fibi inuicem detulerunt.

[e] Quandam, fi dici liceat, cum Chrifto fimilitudinē Paulus tenet, dum non vni dumtaxat Ecclefiæ, fed omnibus præfidet.

[f] Paulus ad inftar Chrifti, faluo cæterorum Apoftolorum iure, videtur omnibus Ecclefiis præfidere. Ibid.

[g] Planc ipfo toto terrarum orbe vniuerfalē fundauit Ecclefiam, fic etiam in omnibus ius tenet præfidentis. Ibidem.

C'eft en la lettres 8. de celles qu'elle a efcrite aux Princes & aux feculiers pag 515.

gnez de difputer de la verité indubitable des autres
poincts de la doctrine de l'Eglife, dont il y en a qui ne
font pas fi clairement eftablis fur la Tradition, & fur tous
les fondemens de la foy.

ARTICLE IV.

Preuue de cette mefme verité par l'Efcriture faincte.

I'Ay voulu reprefenter les fentimens des Peres, afin
d'en tirer en fuitte des reigles affeurees pour l'intelligence de l'Efcriture, quis que les Saincts Peres font
les Interpretes que Dieu nous a donnez pour nous la
faire entendre, & que le Concile de Trente condamne
ceux qui l'oferont expliquer contre leur confentement.
De forte que c'eft fur ce confentement qu'il faut regler les fens des Efcritures, qui parlent de fainct Pierre & de fainct Paul, & non fur nos raifonnemens & fur
nos penfees.

Ie trouue premierement vne figure excellente de
l'efgalité & de l'vnité des deux premiers Chefs de l'Eglife, dans celle des deux premiers chefs de la Synagogue, laquelle eftoit la figure de l'Eglife en toutes chofes,
felon l'Apoftre. Car Moyfe & Aaron ont efté chefs fouuerains de la Synagogue: comme il eft manifefte d'Aaron, qui a efté le grand Preftre. Et il eft auffi certain que
Moyfe n'en a pas efté fimplement Prince & Gouuerneur
politique, ny feulement Prophete enuoyé de Dieu pour
la conduire & pour l'inftruire extraordinairement,
comme les autres Prophetes ; mais qu'il a efté Preftre
comme Aaron ; ainfi qu'il paroift par le Pfeaume, où ils
font ioints enfemble en qualité de Preftre, & vnis dans vn
mefme Sacerdoce : *Moyfe & Aaron eftoient les Preftres, &
Samuel eftoit du nombre de ceux qui inuoquoient fon nom.* Il les
diftingue de Samuel, qui n'eftant pas de la race d'Aaron,
ne pouuoit eftre Preftre, mais feulement Prophete ; fe-

Trid. feff 4.

1. Cor. 10. v. 11.

Pfal 98.

1 Reg. 8.
2. Paral. 6.

lon le raifonnement de l'Apoftre, qui prouue que Iefus-Chrift ne pouuoit eftre Preftre felon la loy, parce qu'il ne le pouuoit eftre felon l'ordre d'Aaron, n'eftant pas defcendu de luy.

Mais comme Moyfe eftoit le preimer Preftre des Iuifs, & le principe de tous les autres, il n'eftoit pas neceffaire qu'il fuft des enfans d'Aaron, & il falloit pluftoft qu'il fuft pere d'Aaron par fon caractere, comme il eftoit fon aifné par fa naiffance. Car il confacra Aaron, & apres luy fon fils Eleazar, & tous fes autres enfans, qui eurent part au Sacerdoce; Et generalement tous les Leuites, qui furent employez au miniftere du Tabernacle fous les Preftres. Il a donc efté proprement la tige & l'origine du Sacerdoce de la Loy, & tous les Preftres Iuifs font defcendus de luy, comme les enfans defcendent de leurs peres. Ce que l'Euangile confirme, lors qu'il appelle l'autorité Sacerdotale & la Synagogue la *Chaire de Moyfe*. Ce mot de *Chaire*, marquant cette autorité felon le ftyle de l'Efcriture & de l'Eglife; & la principale partie de cette autorité, qui eft celle d'adminiftrer la parole de Dieu.

Mais il eft particulierement remarquable, qu'encore que Moyfe ait eu plufieurs enfans, & que leur race fe foit beaucoup multipliee, neantmoins ils n'ont pas efté fucceffeurs de fon Sacerdoce, mais fimplement Leuites, foumis aux Preftres enfans d'Aaron, fans auoir aucun aduantage par deffus les autres familles de la tribu de Leui, cõme s'ils ne fuffent pas fortis de Moyfe. Car le fainct Efprit, qui ne faifoit alors rien qu'en figure, felon l'Apoftre, a voulu marquer que la fucceffion des vrais Preftres de la loy nouuelle ne deuoit pas proceder de la chair & du sãg, mais de l'efprit & de la conduite de Dieu: Ainfi en attachant le Sacerdoce à la famille d'Aaron, il a monftré que les Pafteurs de l'Eglife doiuét entrer dans leur charge, non par leur propre volonté, mais en fuccedant legitimemét à leurs predeceffeurs, comme les enfans fuccedent à leurs peres. Et en faifant fucceder à Moyfe ceux de la race d'Aaron, & non ceux de fon propre fang, il a monftré que cette fucceſſion deuoit eſtre entierement ſpirituelle & diuine, & detachee de tous les liens & de tous les engagemens de la terre. Ce qui fait encore voir que Moyſe & Aaron n'auoient pas ſeulement la meſme qualité de grãd Preſtre de la Synagogue, mais qu'ils n'eſtoient toûs deux enſemble qu'vne meſme figure des grands Preſtres de l'Egliſe, qui ſont les Eueſques, ſpecialement l'Eueſque des Eueſques, qui eſt le Pape.

Auſſi les Peres ne ſe contentent pas de dire que les ſouuerains Sacrificateurs des Iuifs ont ſuccedé à Moyſe, auſſi bien qu'à Aaron, mais ils appellent ſainct Pierre meſme ſucceſſeur de Moyſe. *Pierre, dit S. Macaire, ſucceda à Moyſe, ayant receu le Sacerdoce nouueau, & la puiſſance de conduire la nouuelle Egliſe de Ieſus-Chriſt.* Ce qui n'empeſche pas que la puiſſance de ſainct Pierre ne fuſt tres-differente & ſans comparaiſon plus diuine que celle de Moyſe & des Sacrificateurs Iuifs, puis qu'elle n'eſtoit que celle de Ieſus-Chriſt meſme, qui a changé le ſacerdoce de la loy comme *imparfait, & inutile,* ſelon l'Apoſtre, en vn ſacerdoce plus parfait & plus puiſſant, qui a la force de ſauuer les corps & les ames. Car il n'a ſuccedé à Moyſe que comme la verité ſuccede à la figure, & la lumiere à l'ombre, parce qu'il eſté apres luy ſouuerain Pontife & conducteur du peuple de Dieu, quoy qu'en vne maniere infiniment plus aduantageuſe.

Ainſi nous trouuons le commencement de l'Egliſe entierement ſemblable à celuy de la Synagogue, & nous voyons que la figure reſpond à la verité, Moyſe & Aaron ayant poſſedé la dignité Pontificale, puis qu'ils ont eſté tous deux grands Preſtres des Iuifs, & ayant eſté vnis par la naiſſance charnelle en qualité de freres, comme ſainct Pierre & ſainct Paul l'ont eſté par la naiſſance ſpirituelle. Et ces deux freres ont eſté encore tellement vnis par leurs charges, que comme n'eſtant qu'vn meſme grand Preſtre, ils ont eu les meſmes ſucceſſeurs, qui receuoient cette charge de l'vn & de l'autre, comme de l'origine entiere de la puiſſance Sacerdotale.

Toute la difference qu'il ſemble qu'il y ait, c'eſt que ſainct

Pierre & sainct Paul font toufiours demeurez parfaictement vnis dans la vie & dans la mort, comme l'Eglife le
publie : mais l'Efcriture tefmoigne qu'il y a eu de la diuifion & de la ialoufie entre Moyfe & Aaron. Il eft vray
qu'elle fait voir que ce mal ne venoit pas tant d'Aaron,
que de Marie leur fœur, laquelle le furprit par la paffion
qu'elle auoit contre la femme de Moyfe. C'eft pourquoy Num. 12.
Marie fut punie de Dieu, & chaffee hors du camp pour
quelques iours, marquant la maniere de la penitence qui
fe deuoit prattiquer dans l'Eglife. Mais il n'eft pas dict
qu'Aaron fut puny, foit qu'il euft agy innocemmēt, ou que
la faute fuft legere, & incapable de ruiner l'affection qui a
toufiours efté entre Moyfe & luy.

Ie laiffe plufieurs autres figures, parce qu'elles ne fōt
pas fi claires que celle-cy, qui eft la plus formelle & la plus
fenfible qu'on pourroit fouhaitter. Et pour ne m'eftendre
pas trop, ie m'arrefteray feulement à confiderer quelques
textes du nouueau Teftament, qui peuuent beaucoup ef-
claircir le fujet dont nous parlons.

Sainct Paul eft appellé particulierement dans l'Efcri-
ture *Apoftre des Gentils*, par vne excellence qu'il auoit 1.Tim. 2.v.7.
par deffus les autres Apoftres. Ce qui monftre qu'il eftoit 2.Tim.1.v.11.
particulierement Apoftre de la ville capitale des Gentils,
qui eftoit Rome; & qu'il auoit fur elle vne puiffance & vne
autorité finguliere, qui ne pouuoit eftre que femblable à
celle de fainct Pierre, puis que l'Efcriture & la Tradition
ne reconnoiffent aucune autre puiffance fpeciale fur l'E-
glife Romaine que celle de fainct Pierre, & de fes fuccef- Voyez l'art. 2
feurs. Et c'eft cette puiffance que les Peres ont marquee, & 3.
& que l'Eglife Romaine a reconnue, lors qu'ils ont appellé fainct Paul Fondateur, Pere, Pafteur & Euefque de Rome, auffi bien que fainct Pierre.

Sainct Paul luy mefme a marqué cette efgalité, lors
qu'il a dit que l'Euangile des Gentils luy auoit efté com- Gal.2.10.
mis, *comme celuy de la circoncifion à fainct Pierre :* faifant voir
qu'il auoit la mefme autorité pour prefcher les Gentils, &
par confequent les Romains, que fainct Pierre pour
prefcher les Iuifs. Deforte qu'il femble, qu'il n'eft pas

C iij

si estrange que sainct Paul ait esté Pere & Pasteur de l'Eglise de Rome, que de ce que cette puissance a esté communiquee à sainct Pierre, qui auoit esté destiné pour prescher les Iuifs. Mais l'vnion merueilleuse qui estoit entre ces deux Apostres, faisoit qu'encore que leurs emplois ordinaires fussent differens, ils ne laissoient pas de leur estre absolument communs, sinon qu'ils y estoient particulierement expliquez par les mouuemens de la grace, & par les rencontres & les necessitez que la prouidence de Dieu leur faisoit naistre. C'est pourquoy sainct Gregoire de Nazianze appelle sainct Paul *Chef*, ou *Protecteur des Iuifs*, & sainct Ambroise appelle sainct Pierre aussi bien que luy, *Docteur des Gentils*. Et l'Eglise auec les Peres les appelle particulierement *Coapostres*, pour faire connoistre cette vnion si particuliere qu'ils ont euë dans la puissance Apostolique.

Mais il est clair que la distribution que l'Escriture fait entre ces deux Apostres, attribuant à l'vn la charge des Gentils, & à l'autre celle des Iuifs, monstre que l'autorité vniuerselle de tout le monde leur a esté donnee conjoinctement, puis que tous les peuples de la terre sont compris sous les Iuifs & les Gentils; & qu'ainsi le pouuoir de conduire toutes les Eglises du mõde reside dans leurs personnes, & qu'ils composent tous deux vn Apostre, & vn Pasteur vniuersel de toute l'estenduë du monde, c'est à dire vn Euesque de Rome, & vn Pape. C'est pourquoy sainct Chrysostome, admirant le bon-heur de ces deux Apostres, s'escrie: *O par beatum , cuius fidei totius mundi animæ sunt concreditæ.*

Il paroist par mesme moyen qu'ils ont eu vne autorité plus grãde que celle des autres Apostres, lesquels ont necessairement trauaillé sous eux, & leur ont esté inferieurs, puis qu'ils ne pouuoient prescher que les Iuifs & les Gentils, sur lesquels ces deux Apostres auoiét receu vne puissance particuliere, qui n'auoit pas esté donnee aux autres. Et ainsi quelque part qu'ils allassent, ils se trouuoient tousiours dans les lieux d'où S. Pierre ou sainct Paul estoient les Chefs principaux, & ils leur deuoient en cette qualité

vn honneur & vn refpect fingulier, qui eft le modele de
celuy que tous les Euefques de la terre doiuent à leur fucceffeur, qui eft le Pape.

Mais il femble que fainct Paul a encore cét aduantage;
que bien qu'il foit certain par la tradition des Peres que
S·Pierre a prefché en Occident, & a fondé l'Eglife de Rome, quoy que les premiers Herefiarques de noftre temps
ayent eu la hardieffe de le nier; toutefois cela ne paroift
pas fi clair dans l'Efcriture; laquelle tefmoigne & marque
en particulier les trauaux de fainct Paul, & dans l'Orient
& dans l'Occident, & en Ierufalem, & en Antioche, & à
Rome. Et il declare luy mefme, qu'il *prenoit foin de tou-* 2. Cor 11. v. 28
tes les Eglifes du monde, auffi bien de celles des Iuifs, que 1. Cor. 9 v. 10.
de celles des Gentils; & qu'ainfi il faifoit la charge de 21.
Pafteur & de Pere commun de tout le monde. Ce qui
n'a iamais efté efcrit d'aucun autre Apoftre, chacun s'e-
ftant attaché aux Prouinces qui luy auoient efté affignees,
mefme les principaux, comme fainct Iean l'Euangeli-
fte, qui demeura dans l'Afie Mineure; & fainct Iacques,
qui fe tint en Ierufalem, quoy qu'ils paruffent comme Galat. 2.
les colomnes de l'Eglife. Au lieu que fainct Paul alloit par
tout, & trauailloit par tout, fans exception & fans limites,
comme eftant chargé vniuerfellement de toutes les Eglifes, & ayant receu vne puiffance qui ne pouuoit eftre bor-
nee, comme celle des autres Apoftres.

Auffi il tefmoigne qu'il eftoit obligé de prefcher tous Rom. 1.
les Gentils en general, & les Romains en particulier.
I'ay receu, leur dit-il, *la grace de l'Apoftolat, pour faire obeyr à la*
foy toutes les nations, du nombre defquelles vous eftes. Et plus bas;
I'ay eu fouuent deffein de vous aller voir, afin de recueillir quel-
que fruict parmy vous, comme parmy les autres nations. Ie fuis
redeuable aux Grecs, & aux Barbares, aux fages & aux
ignorans; en forte que de mon cofté ie fuis preft d'aller auffi à
Rome, pour vous prefcher l'Euangile. Il eft clair par ce difcours, qu'il auoit receu de Dieu la charge de prefcher, &
de former l'Eglife de Rome en qualité d'Apoftre des Gen- Ser. 1. in nat.
tils, & qu'il auoit efté eftably *Maiftre & Pafteur de cette* SS. Apoft.
Eglife, comme dit fainct Leon, la puiffance de prefcher

l'Euangile eſtant proprement à la puiſſance Apoſtolique & Epiſcopale, ſelon l'Eſcriture & les Conciles, & enfermant toutes les autres. C'eſt pourquoy il ne ſe trouue point qu'aucun Apoſtre que luy & S. Pierre ait preſché l'Euangile dans Rome, quoy qu'il y en ait qui tiennent qu'ils l'ont preſché dans des prouinces plus eſloignees. Ce qui eſt vne marque de la puiſſance ſpeciale qui a eſté donnee à S. Pierre & à S. Paul ſur cette Egliſe, & du reſpect que les autres Apoſtres leur ont rendu.

Galat. 2.

Ie ne puis icy obmettre cette action celebre de S. Paul, qui donne tant de peine aux Interpretes & aux controuerſiſtes, lors qu'il oſa reprendre S. Pierre, & luy reſiſter en face deuant tout le monde. Car quoy qu'on puiſſe dire, il eſt certain ſelon la doctrine des Peres, que l'ordre de l'Egliſe & de l'Eſcriture peut bien permettre à vn inferieur d'aduertir ſon ſuperieur en particulier de quelque faute qu'il aura faite par ignorance, ou par infirmité : Mais il ne luy eſt pas permis de le reprendre en public, & beaucoup moins de reſiſter en face, comme S. Paul reſiſta à S. Pierre, à moins que le ſuperieur ſouſtint quelque hereſie manifeſte, & ruinaſt ouuertement la foy de l'Egliſe. Ie dis ouuertement, parce que c'eſt en ce ſeul cas qu'il eſt permis aux moindres des oüailles de s'oppoſer à leur Paſteur, & de la condamner par actions & par paroles, comme il paroiſt par quantité d'exemples, & par la doctrine formelle des Peres. C'eſt pourquoy Neſtorius Eueſque de Conſtantinople ayant nié publiquement cette verité Catholique que la Vierge fûſt mere de Dieu, le peuple ſe ſepara de ſa communion ; & il en fut loué par le Pape ſainct Celeſtin, qui conſiderant cette action dans la lettre qu'il a eſcrite à l'Egliſe de Conſtantinople, s'eſcrie ; *Heureux troupeau, à qui Dieu fait la grace de pouuoir iuger luy meſme des paſturages.*

Beatus grex, cui Dominus dedit de ip- ſuis iudicare. Cæleſt. Epiſt. ad Cletum & pop. Cõſtant

D ſorte que perſonne ne pouuant auoir la moindre penſee que ſainct Pierre fûſt alors dans cét eſtat, ſainct Auguſtin le comparant à ſainct Cyprien, lors qu'il reiettoit le Bapteſme des Heretiques par vn ſimple defaut de lumiere ; il n'eſtoit point permis à vn inferieur de le reprendre

dre publiquement, & de luy refifter à la veuë de tout le
monde. D'où il s'enfuit que celuy qui l'a entrepris, a
deu luy eftre efgal ; comme il a efté remarqué par l'Auteur
du Commentaire fur fainct Paul, qui eft dans fainct Am-
broife : *Qui des autres Apoftres dit-il, euft ofé refifter à S. Pierre,
qui eftoit le premier Apoftre, auquel Iefus-Chrift auoit donné
les Clefs du Royaume du Ciel, finon vn autre femblable à luy, qui
connoiffant la grandeur de fon eflection, fçauoit qu'il ne luy eftoit
pas inferieur.* Cette explication paroift beaucoup plus folide, plus aifee, & plus aduantageufe à l'Eglife Romaine,
que celle des nouueaux Interpretes, qui tombent en vne
infinité de difficultez & d'embaras. Car ainfi fainct Paul a
repris fainct Pierre comme vn collegue reprend fon collegue, ou pluftoft comme vne perfonne fe reprend elle
mefme, puis que ces deux Apoftres n'eftoient qu'vn dans
toute l'eftenduë de leur puiffance Apoftolique. De forte
que le fainct Siege ne perd rien dans le rabaiffement ap-
parent de l'vn, qu'il ne retrouue en mefme temps dans
l'eleuement de l'autre, ou pluftoft dans tous les deux enfemble, puis que n'eftans qu'vn, ils ne peuuent eftre fe-
parez en aucune forte, & que c'eft l'vnité qui poffede en
eux toutes chofes.

Quis eorum
audiret Petro
primo, Apo-
ftolo, cui re-
gni regni cæ-
lorum Domi-
nus dedit cre-
ftere, nifi alius
talis, fiduciæ
electionis fuæ
fciens fe non
imparem. In
cap 2. ad Gal

ARTICLE V.

*Explication de l'vnité de fainct Pierre & de fainct Paul dans la
qualité de Chef de l'Eglife.*

APres auoir eftably l'egalité de ces deux Apoftres,
il faut expliquer leur vnité, laquelle femble defia
auoir efté affez eftablie par les preuues precedentes. Car
nous auons veu cette vnité dans l'Office de l'Eglife Romaine, qui dit particulierement d'eux, *qu'ils n'ont efté fe-
parez ny en la vie, ny en la mort* ; & dans la regle ancienne
qu'elle garde encore exactement de ne les feparer iamais
lors qu'elle en fait cõmemoration, ou qu'elle celebre des
feftes en leur honneur. Elle a paru encore en la maniere en

Quomodo in
vita fua dile-
xerunt fe, ita
& in morte
non funt fe-
parati.

laquelle ils furent veus en l'Eglise de sainct Pierre, marchans à la teste des Papes leurs successeurs, en s'embrassant & se tenant ensemble par la main, quoy qus les autres Papes le suiuissent deux à deux, selon le rang de leur Pontificat. En fin elle a paru, dans ce que disent sainct Chrysostome & sainct Leon, qu'ils sont comme *les deux yeux* de l'Eglise de Rome, & du corps dont Iesus-Christ est le Chef; tesmoignant, que comme les deux yeux sont naturellement inseparables, & sont vnis dans vne mesme teste; ainsi ces deux Apostres estoient inseparablement vnis dans vne mesme dignité de Chef de l'Eglise.

Mais sainct Maxime semble auoir exprimé plus clairement cette vnité de Chef en deux personnes differentes, lors qu'il a dict, que ces deux Apostres ont enduré le Martyre à Rome, qui estoit la ville capitale des Payens, *afin que le* Chef de la Sainctete' *reposast, où estoit le chef de la superstition, & que* les Princes des Eglises *mourussent où les Princes des Gentils habitoient.* Il les appelle *Princes des Eglises,* pour marquer qu'ils estoient deux personnes esgales; & il les appelle en mesme temps *Chefs de la Saincteté,* pour mostrer qu'ils n'estoient qu'vn mesme Chef du Christianisme. Ce qui a esté aussi signifié par sainct Chrysostome, lors qu'il les comparez à *deux bœufs attachez à vn mesme ioug,* pour monstrer, que comme deux bœufs sont tellement differens qu'ils sont pairs, pour parler de la sorte, *par vnum,* comme disent les Latins, & sont tellement liez ensemble, qu'ils tirent comme s'ils n'estoient qu'vn; ainsi ces diuins Apostres estoient parfaictement esgaux, & parfaictement vnis par la charité, & par la mesme charge qu'ils auoient receuë de Iesus-Christ.

Il se trouue encore vne preuue manifeste de cette vnité dans l'Office de l'Eglise, où il est dit plusieurs fois de sainct Paul, *qu'il a merité de posseder le douziesme Throsne.* Ce qui est impossible, s'il n'a pris celuy de quelque Apostre, ou s'il ne l'a occupé conjoinctement auec luy, en sorte que tous deux ensemble ne possedent qu'vn mesme Throsne, & vn mesme siege Apostolique. Et cela se voit encore

S. Leon Ser. 1. de nat. Apost. S. Chrysost. hom. 32. in ep ad Rom.

Martyriū pertulerūt in vrbe Roma, quæ principatū & caput obtinet nationum; scilicet vt vbi caput superstitio nis erat, illic caput quiesceret sanctitate, & vbi Gentilium principes habitabāt: illic Ecclesiarū principes morerentur S. Maxim. hom. 5. in nat. Apos. Petrus & Paulus iugari boues, & Ecclesiæ luminaria. Chrys. Serm. in Principes Apost com. Qui & meruit thronū duodecimū possidere. In Offic. commem. S. Pauli, die 30 Iunij. Apoc. l. 21. v. 14.

dauantage, en ce que par le confentement de l'Eglife , &
de l'Efcriture , il n'y a que douze Apoftres. Et cependant
il y en auroit treize en comptant fainct Paul, qui ne peut
pas eftre exclus de ce nombre, puis qu'il eft des premiers
d'entre eux, & qu'il porte par excellence le tiltre d'A-
poftre. Il faut donc que fainct Pierre & luy ne foient com-
ptez que pour vn, & que comme ils ne poffedent qu'vn
mefme Throfne, ils ne foient auffi qu'vn mefme Apoftre,
& vn mefme Chef de l'Eglife vniuerfelle.

Mais cette vnité a efté excellemment reprefentee par
celle de Moyfe & d'Aaron, qui eftant tous deux fouuerains Pontifes & Chefs de la Synagogue, ne faifoient pas
neantmoins deux Chefs, & deux Pontifes, mais vn feul
Chef, & vn feul Preftre fouuerain; vn feul Pere, & vn feul
Conducteur de la Synagogue. Ce qui a paru clairement
en ce qu'ils n'ont pas eu des fucceffeurs differents, mais
les mefmes, aufquels ils ont tranfmis vn mefme Sacerdoce, vne mefme autorité, & vne mefme puiffance, qui
eftoit auffi bien de Moyfe que d'Aaron, comme les grands
Preftres des Iuifs fuccedoient efgallement à tous les
deux. Auffi l'Efcriture dit que [a] Aaron eftoit *la bouche* de
Moyfe, & *parloit pour luy au peuple*, & que Moyfe eftoit la
lumiere d'Aaron *en ce qui regardoit Dieu*; & pour faire voir
qu'ils n'eftoient qu'vn chef & vne tefte d'vn mefme corps,
où Moyfe faifoit l'office des yeux, & Aaron celuy de la
bouche.

C'eft l'image parfaite de fainct Pierre & de fainct Paul,
dont l'vnité confifte en deux chofes ; premierement en
ce qu'ils fe font aymez extraordinairement comme deux
freres, non feulement par la naiffance du Baptefme, mais
auffi par celle de leur Sacerdoce, & de leur Pontificat, qui
eft appellé naiffance par les Peres, comme la degradation
eft appellee mort. Et en cela ils auoient efté figurez par
Moyfe & Aaron, qui eftoient freres par leur naiffance humaine, & par l'eflection diuine, qui les auoit deftinez pour
conduire fon peuple.

Secondement cette vnité confifte en ce qu'ils ont pof-
fedé l'autorité Pontificale, non comme deux puiffances

[a] Exod. 4. v. 16
Ipfe loquetur
pro te ad po-
pulũ & erit os
tuum: tu autẽ
eris ei, in his
quæ ad Deum
pertinent.

separees, mais comme vne mesme puissance, qui residant pleinement dans tous les deux, les vnissoit comme vn mesme Apostre & vn mesme Chef de l'Eglise de Iesus-Christ. C'est pourquoy ils n'ont point esté sources de deux lignes & de deux genealogies Episcopales, mais d'vne seule, & ont laissé apres eux les mesmes enfans, & les mesmes successeurs, comme s'ils n'eussent esté qu'vne mesme personne. Car les Papes sont successeurs de l'vn & de l'autre, & tiennent d'eux vne mesme authorité & vne mesme puissance, comme ils l'ont recônu de tout temps, & le reconnoissent encore tous les iours, Et c'est en cela que leur vnité a esté parfaitement representee par celle de Moyse & d'Aaron.

Mais pour oster aux hommes les vaines images, qui empeschent leur esprit de conceuoir comment deux Chefs & deux Euesques peuuent estre vn mesme Chef, & vn mesme Euesque ; il suffit de leur representer que S. Gregoire Pape escriuant au Patriarche d'Antioche, & respondant à vne lettre dans laquelle ce Patriarche auoit fort éleué la grandeur du sainct Siege & de l'Eglise Romaine, passe encore plus auant, & parle d'vne telle sorte, que ceux qui se laissent emporter aux premieres apparences des choses, parce qu'ils ne connoissent pas le fonds de la verite, pourroient peut estre s'imaginer d'abord, que sa pensee ne fust pas fauorable à la grandeur du sainct Siege, s'ils osoient auoir vn soupçon si desauantageux, de celuy d'entre les Papes, a qui on a donné par excellence le nom de Grand. Car il asseure que les trois Sieges des Patriarches, celuy de Rome, celuy d'Alexandrie, & celuy d'Antioche, ne font qu'vn mesme Siege de sainct Pierre. *Le Siege dans lequel trois Euesques president par l'autorité diuine,* EST LE SIEGE D'VN MESME APOSTRE, ET IL EST VN MESME SIEGE. Et il ne se contente pas de dire que ces trois Sieges n'en font qu'vn, mais il adiouste que les trois Euesques qui les occupent ne sont qu'vn Euesque, en sorte que les vns y ont part aux aduantages des autres. *Ie prends pour moy tout le bien que i'entends dire de vous, & vous deuez prendre pour vous mesmes tout le bien que vous croyez de moy.*

PARCE QVE NOVS NE SOMMES QV'VN. En fin il asseure
que la primauté de S. Pierre est commune à ces trois Sieges des Patriarches : *Encore qu'il y ait plusieurs Apostres, toutefois le Siege du Prince des Apostres, lequel en trois lieux appartient* A VN SEVL *, est éleué en autorité par dessus les autres,* A
CAVSE DE LA PRIMAVTE' QVI LVY A ESTE' DONNEE.

Si Monsieur Arnauld auoit aduancé quelque chose qui
approchast de ces propositions de S. Gregoire, ne seroit il
pas accablé des declamations des Iesuites, & des syllogis-
mes de Mosieur l'Euesque de la Vaur ? Et toutes-fois il faut
qu'ils aduoüent qu'elles ne sont pas contraires à l'honneur du Siege Apostolique, puis que c'est vn Pape qui parle, & vn Pape eminent en doctrine & en saincteté, qui con-
noissoit pour le moins auec autant de lumiere qu'eux, &
n'aimoit pas auec moins de zele, la verité & les droicts de
son Eglise & de son Siege.

Et afin qu'ils ne voyent encore dauantage, qu'on ne peut
sçauoir la doctrine de l'Eglise, ny entendre le langage des
Peres sans les auoir estudiez auec beaucoup de soin, ils
considereront, que sainct Augustin passe mesme plus auãt
lors qu'il dit, non que trois Euesques & trois Patriarches
seulement, mais que tous les Euesques ensemble ne sont,
qu'vn Euesque & vn Pasteur, & que tous les peuples ne sont
qu'vne breby. Ce qui est conforme à ce passage celebre de S.
Cyprien, qu'il n'y a [a] *qu'vn Episcopat,* qui est commun à
tous les Euesques ; & à cette parole semblable du Pape
Symmache, *qu'il n'y a* [b] QV'VN SACERDOCE *entre tous les*
Euesques, c'est à dire, vne mesme puissance & vne mesme
autorité Sacerdotale. Et quoy que ces façons de parler
choquent d'abord ceux qui ne sont pas nourris dans les
maximes & dans le stile des Peres & de l'Eglise, mais dans
leurs propres raisonnemés, & dans ceux des Philosophes,
& des Payens, que l'Apostre appelle aueugles & insensez
parmy toute l'apparéce de leur sagesse, il est certain neãt-
moins qu'elles ne blessent en rien la dignité supreme du
S. Siege, & qu'elles sont tres-conformes non seulement à
la verité de l'Eglise, mais aux principes mesme de la raison
éclairee par la grace.

D iij

bi imputo. Si quid de me boni creditis hoc vestris meritis impu-tate, quia in illo vnum su-mus, qui ait ; sint, sicut & tu pater in me & ego in te. S. Greg. lib. 6. ep 37. ad Eu-logium Ep. A-lexand.

Cũ multi sint Apostoli, pro ipso tamen principatu so-la Apostolorũ principis sedes in auctoritate cõualuit quæ in tribus locis vnius est. Ibid.

August lib. de Pastor. c 13.

a Episcopatus vnus est cuius à singulis in solidum pars tenetur.

b Ad Trinita-tis instar, cuius vna est atque indiuidua po-testas, vnum est per diuer-sos Antistites sacerdotium. Symmach. epist 2. ad Æo-nium Ep. Arel.

Car l'vnité ne repugne qu'à la diuision, & non à l'ordre & aux degrez differens des sujets où elle se rencontre : puis qu'au contraire elle naist, & elle rejallit de cette varieté mesme & de cét ordre. La teste de l'homme n'est qu'vne, & neantmoins elle est composee de plusieurs choses, dont les vnes sont plus parfaites, plus excellentes, & plus esleuees que les autres. Comme donc de ce que sainct Augustin dit, que tous les fidelles ensemble ne font qu'vne breby, il ne s'ensuit pas qu'il n'y ait point diuers degrez parmy les Laïques; ainsi de ce que sainct Cyprien, & les autres Peres, disent que tous les Euesques ne font qu'vn Pasteur & vn Euesque, il ne s'ensuit pas qu'il n'y ait point vn ordre parmy les Euesques, en sorte que les vns despendent des autres, & gardent vne subordination dans laquelle cette vnité subsiste, & sans laquelle elle ne seroit qu'vne diuision, vne confusion, & vn déreglement.

Ce qui trompe les hommes en ces rencontres, c'est que lors qu'ils entendent parler d'vnité, ils s'imaginent aussi tost vne esgalité, comme si esgalité & vnité estoit vne mesme chose. Mais cette imagination est contraire à la verité euidente, & à la lumiere naturelle ; estant clair qu'il y a esgalité sans vnité, comme entre deux Roys ennemis, esgalement puissans, & qu'il y a amitié sans esgalité, comme entre les membres de l'homme; entre vn Prince & ses ministres; entre vn Euesque & ses officiers, qui n'ont tous qu'vne mesme autorité, quoy qu'ils la possedét, & en different degrez, & en vne maniere tres-differente, le Prince & l'Euesque l'ayant independante des ministres & officiers, & ceux-cy ne la tenant que de la volonté de ceux à qui ils obeyssent.

Il s'ensuit de ce discours, que puis qu'il est vray dans le langage de l'Eglise, & dans celuy de tous les hommes, que des choses tres-inesgales peuuent estre vne mesme chose ; & qu'on ne sçauroit nier selon l'Escriture & selon les Peres, que tous les fidelles ne soient qu'vn mesme troupeau, *& a vne mesme breby*; que tous les Euesques, ne soient *qu'vn b Euesque*; & que tous les trois Sieges de sainct Pierre, ne soient *qu'vn c Siege*; tous les

a Auguft.
b Cyprian.
c Gregor.
Magn.

trois Patriarches vn mefme Patriarche, qui iouyffent de
la primauté de fainct Pierre, quoy qu'ils ne l'ayent qu'en
degrez differens, & auec vne grande inefgalité : Il faut
beaucoup moins s'eftonner que deux Apoftres, & deux
Chefs de l'Eglife, qui font parfaictement efgaux, & qui
ont tous deux la plenitude de la puiffance fpirituelle,
puiffent eftre vn mefme Chef, & n'auoir qu'vn mefme
Siege Apoftolique, dans lequel font affis leurs fucceffeurs
les Euefques de Rome, & les Chefs de toute l'Eglife. Que
fi celuy qui plante, & celuy qui arroufe ne font qu'vn, felon fainct Paul, combien plus peuuent n'eftre qu'vn ceux
qui on fondé efgalement la mefme Eglife de Rome, ainfi
que les Papes l'affeurent, de ces deux Apoftres?

En quoy il fe rencontre vn rapport merueilleux entre
la fondation de la ville de Rome, & la fondation de l'E-
glife de Rome : puis que la ville de Rome a efté fondee
par deux freres iumeaux, & par deux Roys, qui poffe-
doient également ce Royaume, comme l'Eglife de Rome a efté fondee par deux Chefs, & par deux Apoftres, Serm.1.de
qui eftoient tous deux Euefques de cette mefme Eglife: nat.Apoft.
mais qui eftoient vnis d'vn lien & d'vne vnité incomparablement plus grãde & plus heúreufe, comme fainct Leon
le remarque. De forte qu'on peut dire que Dieu a repre-
fenté par aduance l'egalité & l'vnité admirable de ces
deux grands Apoftres, dans deux images tres-confidera-
bles, dont l'vne eft facree, & l'autre feculiere & profane:
la premiere, dans l'egalité & l'vnité des deux premiers
Chefs de la Synagogue, qui eftoit la figure de l'Eglife; & la
feconde dans l'egalité & l'vnité des deux fondateurs de la
ville de Rome, qui deuoit eftre le Siege de ces deux Apoftres. Car comme la prouidence de Dieu a deftiné l'Empire Romain pour l'eftabliffement de fon Eglife, felon
les Peres, & comme la paix dont il iouyffoit, lors qu'elle
a commencé de paroiftre dans la naiffance de Iefus-
Chrift, eftoit l'image de celle qu'elle deuoit apporter
au monde; & l'vnité, la grandeur, la puiffance, & l'e-
ftenduë de cét Empire, les ombres de ces mefmes per-
fections que l'Eglife alloit faire efclater en vne manie-

re plus diuine; ainſi la meſme prouidence nous a appris
par les euenemens, que la maniere pariculiere & admirable dont cette ville a eſté baſtie par ces deux Fondateurs,
eſtoit vn preſage de la maniere merueilleuſe dont l'Egliſe
deuoit eſtre eſtablie dans cette meſme ville par ces deux
premiers Apoſtres: eſtant certain d'ailleurs que toute cette ville n'a eſté faite que pour l'Egliſe, ſelon la maxime ge-
nerale de l'Eſcriture, que tout eſt pour les eſleus, & par
conſequent pour l'Egliſe, qui eſt la mere des eſleus.

C'eſt pourquoy, comme la ville de Rome a fait gloire
de porter pour ſes armes, les images de ces deux Fondateurs, afin de releuer la grandeur de ſon Empire, par la maniere merueilleuſe dont ils en auoient ietté les premiers
fondemens; Ainſi l'Egliſe de Rome a pris pour ſes armes,
& a marqué touſiours dans ſes ſceaux, & dans les Bulles
des Papes, les images de ces deux Apoſtres, afin de reconnoiſtre la grace particuliere qu'elle a receuë de Dieu de
les auoir eus pour ſes premiers Peres, & d'auoir tiré d'eux
toute ſa grandeur & toute ſa puiſſance, en vne maniere
incomparablement plus excellente, que la ville de Rome n'auoit tiré la ſienne de ces deux freres, de ces deux
Paſteurs, & de ces deux Princes.

Mais il y a cette difference entre l'Empire Romain, &
l'Egliſe Romaine, que l Empire Romain n'a pas ſeulemét
cômencé par deux freres, & par deux Princes égaux, mais
il a eſté ſouuent gouuerné de meſme par pluſieurs Princes, & par pluſieurs Empereurs enſemble; les Peres ayant
quelquefois fait couronner leurs enfans, & quelquefois
leurs amis, pour regner auec eux; & les ayant rendus par-
ticipans d'vne meſme dignité Imperiale: laquelle reſidoit alors dans pluſieurs ſuiets ſans diuiſion, comme elle
reſidoit auparauant dans vn ſeul; en ſorte que tous enſemble ne faiſoient qu'vn meſme Empereur, comme ils poſſedoient eſgalement vne meſme autorité ſouueraine.
Mais cela n'eſt arriué qu'vne ſeule fois à l'Egliſe Romaine dans ſa naiſſance, parce que l'ordre & la conduite de
l'Egliſe de Ieſus-Chriſt ne deſpend pas de la volonté
des hommes, comme les Royaumes & les Empires de
la terre,

la terre, qui font tous humains ; mais dépend de la volonté
de Dieu feul, qui a tefmoigné qu'il vouloit fonder & efta-
blir cette Eglife par deux Chefs, & par deux Euefques; mais
qu'il ne l'a vouloit conferuer & gouuerner apres eux que
par vn feul, non plus que les autres Eglifes.

C'eft pourquoy les Conciles ont defendu generalement
de mettre deux Euefques dãs vne mefme Eglife, fans auoir
efgard au premier eftabliffemét de la premiere Eglife, parce
qu'il auoit efté extraordinaire : comme quantité d'autres
chofes qui furent faites au commencement du Chriftianif-
me, par la puiffance abfoluë de Iefus-Chrift, n'ont pû depuis eftre prattiquées par la puiffance ordinaire de l'Eglife;
laquelle auffi n'a iamais entrepris de les imiter. Ainfi il n'eft
iamais arriué que l'Eglife Romaine ait reconnu deux Euefques legitimes ; ny qu'elle en ait eu deux enfemble, qui fuffent vnis comme fainct Pierre & fainct Paul, ceux qui ont
tafché d'occuper en mefme temps ce fainct Siege, n'ayant
fait que caufer des diuifions & des Schifmes, comme ils
eftoient tres-diuifez entre eux mefmes. Et cela a efté figuré
dans la Synagogue, laquelle apres Moyfe & Aaron n'a iamais eu deux Chefs & deux grands Preftres, iufques au téps
de Iefus-Chrift, où elle eftoit deuenuë toute humaine &
afferuie aux Payens, & beaucoup plus à l'ambition & à l'a-
uarice.

Côc. Nicæ.
1. can. 8. &
vide Aug.
Ep. 110.

ARTICLE VI.

Aduantages du fainct Siege dans cette doctrine : Et pre-
mierement en ce qui regarde l'Autorité.

IL eft aifé de iuger, par tout ce que nous auons dit iufques
là à prefent, combien cette doctrine apporte d'aduantages
au fainct Siege Apoftolique, & combien elle merite d'eftre
embraffée par ceux qui l'ayment & qui l'honorent. Mais il
fera à propos de les reprefenter plus particulierement dans
cét article, afin que les moins clair voyans les apperçoi-
uent, & que perfonne n'en puiffe douter.

E

Ces aduantages peuuent eſtre reduits à deux chefs, dont le premier regarde l'Autorité, & le ſecond la vertu , & la ſainéteré Apoſtolique.

Pour ce qui eſt de l'autorité du ſaint Siege, il eſt clair que ce diſcours la rand beaucoup plus forte & plus illuſtre, **en faiſant voir que l'Egliſe de Rome eſt apres Ieſus-Chriſt la pierre angulaire, à laquelle tous les peuples du monde doiuent eſtre vnis, & ſur laquelle ils doiuent eſtre eſtablis, pour pouuoir s'eſleuer iuſqu'au Ciel, puiſque les deux premiers Eueſques de cette Egliſe ont eſté l'Apoſtre des Iuifs, & l'Apoſtre des Gentils, qui ont tranſmis à leurs ſucceſſeurs ces deux qualitez, comme toute la plenitude de la puiſſance qui leur a eſté donnée.** D'où il s'enſuit que les Papes ſont les Vicaires par excellence, & les parfaites images de Ieſus-Chriſt: parce que poſſedant conjoinétement en ſa perſonne ces deux qualitez de *Miniſtre des Iuifs*, comme l'Eſcriture le nomme, & de *lumiere des Gentils*, & les ayát depuis partagez à ces deux Apoſtres ; il les a en ſuitte reünies pour iamais dans les Papes qui leur ſuccedent, afin qu'ils ſoient comme luy Peres communs de ces deux peuples, & cette diuine pierre angulaire, dans laquelle ils ſe rejoindront à la fin du monde, lors qu'oubliant l'inimitié qui les auoit diuiſez durant tout le cours des ſiecles, ils reuereront d'vn meſme cœur & d'vne meſme foy cette Egliſe principale, comme le bien de leur charité. Ce qui donne beaucoup de lumiere à ce que les Peres nous enſeignent, que l'Eueſque de Rome eſt le centre de l'vnité Eccleſiaſtique, hors de laquelle il n'y a point de ſalut ; & que le nom *d'Apoſtre & d'Apoſtolat*, luy appartient par vn droit particulier, comme à l'hetitier des deux Apoſtres generaux, pour parler de la ſorte, c'eſt à dire des deux Apoſtres, à qui Dieu a diſtribué tous les peuples de la terre, & les deux Egliſes qui enferment toutes les autres.

Et cette verité nous donne vn excellent moyen pour prouuer par l'Eſcriture, que la puiſſance Apoſtolique, à laquelle les Papes ont ſuccedé, eſt vne puiſſance ſans limites, & qui s'eſtend par toute la terre, puis que c'eſt la puiſſance de l'Apoſtre des Gentils, & la puiſſance de l'Apoſtre des

Iuifs ; & qu'il eſt manifeſte que tous les peuples de l'vniuers
ſoient ſoumis à cette double puiſſance. Il n'y a perſonne qui
ne ſçache en combien de maniere les heretiques & les ennemis du Pape taſchent d'eluder les paroles de l'Eſcriture,
par leſquelles on a accouſtumé deprouuer que ſainct Pierre
a eſté Paſteur de tout le monde; & de quelles tenebres ils
obſcurſiſſent cette matiere, pour conclure que le Pape ne
ſçauroit pretendre en vertu de la ſucceſſion de ſainct Pierre,
le pouuoir que les Catholiques luy attribuent generalemēt
ſur toutes les Egliſes. Mais ils ne ſçauroient nier que l'Eſcriture ne teſmoigne que ſaint Paul a receu de Ieſus Chriſt
vne puiſſance ſpeciale ſur tous les Gentils, & que ſainct
Pierre en a receu vne pareille ſur tous les Iuifs. Et ainſi il
faut qu'ils adaoüent, que ſi les Papes ſuccedent à ces deux
Apoſtres, côme il eſt prouué par ce diſcours, ils poſſedent
vne autorité, que l'Ecriture declare ouuertement s'eſtendre
ſur toutes les nations & ſur toutes les Prouinces du monde.

Cette doctrine diſſipe encore & fait diſparoiſtre pluſieurs
difficultez importantes, qui donnent beaucoup de peine
aux Theologiens, & à ceux qui traittent des matieres de
controuerſe; comme entre autres celle qui eſt ſi celebre
touchant la reſiſtance que ſainct Paul fit à ſainct Pierre, par
laquelle on taſche de ruyner la primauté de l'Egliſe Romaine. La pluspart des reſponſes ordinaires ſont plus propres pour embroüiller dauantage que pour eſclaircir ce
poinct, & pour augmenter que pour appaiſer les diſputes.
Et les meditations de Monſieur de la Vaur n'y ſçauroient
apporter aucun nouueau ſecours, ny aucune nouuelle lumiere, puis qu'elles ne ſont tirées que des penſées les plus
communes de nos Controuerſes, qui les ont cent fois re-
battuës. Et en effet elles preſſent ſi peu, que tout ſon diſcours touche à peine le poinct de la queſtion. Si ce n'eſt peut
eſtre lors qu'il conclud que ſaint Pierre a eſté le SOVVERAIN Page 339.
de l'Egliſe, parce que quand il ſe retira de la compagnie des Galat. 1.
Gentils Catholiques dans la ville d'Antioche, les Iuifs
qui eſtoient preſens ſuiuirent ſon exemple : Comme s'il n'y
auoit que les Souuerains qui peuſſent auoir creance dans les
eſprits, & les toucher par leur exemple; & comme ſi l'au-

E ij

torité de sainct Paul qui condamna & reprit publiquement l'action de sainct Pierre, n'auroit pas plus de force pour de-ſtruire la ſouueraineté de ce grand Apoſtre, au cas qu'on la vouloit prouuer par vn ſi foible raiſonnement ; que l'exem-ple des Iuifs qui l'imiterent alors, n'en pourroit auoir pour l'eſtablir.

Ie paſſe quantité de choſes ſemblables, auſquelles ie n'ay pas reſolu de m'arreſter ; ny de repreſenter particuliere-ment ce qui peut eſtre moins fauorable dans les reſponſes des autres : parce que quand elles ſeroient les meilleures du monde, il eſt touſiours plus aduantageux pour le ſaint Siege qu'elles ne ſoient point neceſſaires, & que cette conteſtatió n'ait plus de lieu : comme elle n'en ſçauroit auoir dans la maxime des Peres, que i'ay expliquée, dans laquelle le dif-ferent de S. Pierre & de S. Paul ayant eſté entre deux per-ſonnes égales, & entre deux Eueſques de Rome, qui n'en faiſoient qu'vn, les ennemis des Papes ne peuuent pas tirer plus d'aduantage de ce que ſaint Paul reprit S. Pierre, que ſi S. Pierre ſe fuſt repris luy meſme, ou de ce qu'vn meſme Pape corrige vne Bulle qu'il auoit faite autrefois : comme on en voit tous les iours des exemples.

La difficulté de prouuer par l'Eſcriture la reſidence de ſainct Pierre à Rome, ceſſe encore par cette doctrine, & deuient entierement inutile aux Proteſtans. Car encore que ce ſoit vne impudence extreſme de nier ce que toute l'anti-quité Chreſtienne nous aſſeure comme conſtant & indubi-table, que ſainct Pierre a gouuerné l'Egliſe de Rome, & y a ſouffert le Martyre : Neantmoins quand nous n'aurions pas des teſmoignages ſi clairs & ſi certains de ce ſeiour de ſainct Pierre à Rome, il ſuffiroit dans la Doctrine que nous ve-nons d'expliquer & de confirmer par tant de preuues con-uainquantes, que l'Eſcriture teſmoigne que ſainct Paul a eſté à Rome, & qu'il y a preſché & gouuerné l'Egliſe Ro-maine.

Il ne faudra plus auſſi ſe mettre beaucoup en peine de cette queſtion, qui a donné tant d'exercice aux eſprits curieux, & qui en donne encore auiourd'huy, pourquoy on baille la droite à S. Paul ſur S. Pierre dans les Images & dans les

Bulles des Papes. Car bien que le Cardinal Bellarmin affeu-
re que cela ne s'obferue pas toufiours, faint Pierre Damien
aufli Cardinal & Doyen des Cardinaux, tefmoigne qu'en
fon fiecle cette couftume eftoit generalement gardée, non
feulement à Rome, *mais aufli dans toutes les Prouinces voi-
fines*, & que c'eftoit vne tradition ancienne, qu'il femble rap
porter au temps des Apoftres. Et quoy qu'il dife fur cela
beaucoup de chofes, aufli bien que Bellarmin, lefquelles il
n'eft pas befoin d'alleguer en ce lieu, toutefois il femble que
la refponfe la plus courte & la plus folide eft de dire, que ce
different ne fçauroit apporter ancun preiudice à l'autorité
du Pape, puis qu'il eft toufiours fucceffeur de celui des deux
à qui on donnera l'auantage.

Et s'il m'eft permis de dire ma penfée apres les autres, il
me femble que la prefeance a efté donnée à faint Paul par
vne reconnoiffance particuliere de l'Eglife, laquelle a efté
formée des Gentils apres l'abandonnement du peuple Iuif,
qu'il a efté proprement fon Apoftre, & qu'il a trauaillé pour
elle dans cette charge plus que tous les autres. Elle luy a
attribué pour cette mefme raifon le nom d'Apoftre par excellence : & elle a mis aufli faint Barnabé au rang des Apoftres, celebrant fa fefte comme d'vn Apoftre, bien qu'il ne
foit pas des douze ; parce qu'il a efté choifi de Dieu mefme
pour accompagner faint Paul dans cette miffion Apoftolique pour conuertir les Gentils ; en forte qu'il leur peut dire ;
*Si ie ne fuis pas Apoftre pour les autres, ie le fuis au moins
pour vous.*

Ainfi ces difficultez & plufieurs autres qu'on peut former fur le fuiet de faint Paul & de faint Pierre, contre leurs
fucceffeurs, ne font pas fimplement refolues, mais elles font
eftouffées & éuanouïffent entierement auprés de la lumiere
de ces veritez, qui appuyent l'authorité du S. Siege fur des
fondemés inébranlables, & qui luy apportent vne nouuelle
fermeté & vn nouuel éclat, qui diffipe tous les nuages que
fes ennemis luy oppofent ; dont la doctrine contraire à celle
qui eft eftablie en ce Difcours, ne peut fe dégager fans beaucoup de peine.

E iij

Marginal notes:

Bellarm. l. 2. de Pontif. c. 27.
Pet. Dam. l. 2. epift. 16. ad Defid.
Abb. Caffin. Per vniuerfas adiacen-tes Romæ prouincias.

1. Cor. 15.

Act. 13. v. 2.

1. Cor. 9.

ARTICLE VII.

Aduantages du sainct Siege dans ceste doctrine, en ce qui regarde la vertu & la saincteté Apostolique.

IL reste maintenant à representer les aduãtages que cette doctrine apporte à la saincteté du Siege Apostolique, qui consistent particulierement en ce qu'elle le rend le modele de la vertu & de la perfection de l'ordre Episcopal, & de l'estat Ecclesiastique : en sorte qu'il ne soit pas seulement le Chef de la puissance des Euesques, mais aussi la regle de leur pieté, & le modele de leur conduite.

I La conjonction des deux Apostres dans cette haute dignité fait voir l'eloignement de l'ambition, & la grande humilité, qui est necessaire à ceux que Dieu appelle au gouuernement de l'Eglise, ne se pouuant rien adiouster à celle que S. Pierre a tesmoignée en cette rencontre. Il auoit esté choisi de Dieu pour estre le Chef de tous ses Disciples, & de toute son Eglise. Il auoit receu de grands priuileges par dessus tous les autres Apostres. Il leur auoit esté tousiours preferé, non seulement deuant, mais aussi apres la Resurrection : & comme il auoit offensé son maistre plus que les autres, il semble que Iesus-Christ luy ait voulu donner des tesmoignages d'vne affection plus particuliere en luy confiant ses brebis & ses agneaux, *afin de faire abonder la grace,* où le peché auoit esté plus abondant, comme dit l'Escriture.

Rom. 5.

Il estoit en possession de cette dignité eminente, depuis l'Ascension du Fils de Dieu. Tous les Apostres & tous les fideles l'auoient reconnuë, & il en auoit desia fait plusieurs

Act. 1.

fonctions importantes, mesme deuant la descente du sainct Esprit. Et lors qu'il sembloit que les choses deuoient demeurer dans cét estat iusqu'à la fin du monde : que tous les ordres de Iesus-Christ ayant esté accomplis, il n'en falloit plus attendre de nouueaux ; & que la perfection de l'Eglise estoit à son plus haut point ; Dieu donne extraordinairement vn compagnon à S. Pierre, non du nombre des premiers

Apoſtres, mais le dernier de tous, qui n'auoit pas eſté nour-
ry auec eux, qui n'auoit pas veſcu comme eux auec Ieſus-
Chriſt, qui n'auoit pas eſté long-temps inſtruit de luy comme eux, deuant & apres la Reſurrection, qui n'eſtoit pas Act. 9.
meſme connu d'eux en qualité de Chreſtien, mais en qualité de Chef des ennemis du Chriſtianiſme, qui venoit de Act. 7.
perſecuter l'Egliſe auec fureur, & de faire le premier des Galat. 1.
Martyrs. Et neantmoins ſainct Pierre le reçoit auec ioye, il
reconnoiſt ſon pouuoir, il le fait reconnoiſtre aux autres, il
l'aime il le cherit, comme *frere* non ſeulement de ſa foy, Gregor. l. 1.
mais *de ſa principauté*, ainſi que ſainct Gregoire l'appelle, & Dialog. c. 11
luy porte toute ſa vie vn reſpect & vne affection extraordinaire.

Certes il falloit encore vne humilité & vne vertu merueilleuſe, pour n'eſtre pas ſurpris dans vne rencontre ſi ino-
pinée : mais il en falloit auoir encore vne plus grande, pour
la receuoir comme ce S. Apoſtre l'a receue. Et cela luy euſt
eſté entierement impoſſible, s'il euſt eu la moindre paſſion
& le moindre mouuement pour commander, & pour paroiſtre le premier parmy ſes freres.

On a bien veu des Rois & des Empereurs, qui ont choiſi
eux meſmes des perſonnes à qui ils ont communiqué vo-
lontairement leur puiſſance ſouueraine : mais on n'en a point
veu qui ayent ſouffert, que d'autres l'ayent poſſedée ſans
leur conſentement, & ſans la tenir de leur liberalité & de
leur magnificence. Moyſe meſme auoit choiſi en quelque
ſorte Aaron, pour gouuerner auec luy la Synagogue, puis
qu'il le nomma, & le conſacra de ſes propres mains, encore
qu'il ne le fit que par le commandement de Dieu : en ſorte Exod. 4. &
que Aaron luy eſtoit obligé, & meſme en quelque façon 29.
inferieur : outre qu'il eſtoit ſon frere, & ſon cadet, & n'a-
uoit pas les graces & les aduantages qui donnoient tant
de creance à Moyſe parmy le peuple. Mais ſainct Pierre
n'auoit aucune part à l'eleuement de ſainct Paul. Il ne
le connoiſſoit pas meſme long-temps apres que Ieſus- Act. 9. v. 26.
Chriſt l'euſt deſtiné, pour tenir le meſme rang que luy 27.
dans l'Egliſe. Et ſainct Paul a tellement paru par deſſus luy dans cette dignité ſupreme, qu'il ſembloit auoir

effacé vne grande partie de l'éclat que saint Pierre auoit auparauant, n'estant quasi parlé que de saint Paul, depuis qu'il a commencé de faire sa charge.

Il est donc visible que si ce grand Apostre eust eu quelque secrette racine de gloire & d'ambition dans l'ame, il n'eust iamais pû souffrir ce rabaissement exterieur; & qu'ainsi ce rabaissement mesme est vne marque éuidente de la grãdeur de sa vertu incomparable, & de ce parfait éloignement de toute sorte d'ambition, qui doit estre comme la base de toutes les vertus necessaires à vn Chef de l'Eglise, & à vn Euesque; lequel n'est iamais bien dans sa charge, s'il n'entre dans cette disposition merueilleuse du premier Apostre, & du modele de tous les Euesques.

Cette mesme vertu paroist aussi dans sainct Paul, en ce que les graces & les priuileges extraordinaires qu'il a receuës de Iesus Christ, ne l'ont point éleué; & que non seulement il n'en a pas pris aduantage sur saint Pierre, mais il s'est rabaissé au dessous de tous les Apostres, ne s'estimant pas digne de porter ce nom; & au dessous de tous les fidelles, en declarant plusieurs fois qu'il estoit le premier des pecheurs, non par vne humilité fausse, qui eust esté indigne de luy, mais par vne humilité aussi vraye que l'esprit de verité qui en estoit le principe. C'est pourquoy il n'a point eu de peine de se rabaisser au dessous de saint Pierre, comme S. Pierre se rabaissoit au dessous de luy, & de prendre aussi grande part à sa vertu qu'à sa puissance; parce qu'ils se regardoient tous deux comme égaux, sans desirer aucun aduantage l'vn sur l'autre; ou plutost ils se regardoient cõme suiets l'vn de l'autre, selon la propre parole de sainct Paul, ne desirant de s'esleuer que par l'humilité, par laquelle ils estoient au dessous de tous les fidelles, & possedoient leur charge comme ne la possedans pas, c'est à dire, auec si peu de sentiment que s'ils ne l'eussent point eüe.

II. La conionction de ces deux Apostres marque celle de la science & de la puissance, qui se doiuent rencontrer dans l'estat Episcopal. Car saint paul est selon les peres *Prince de la science* Apostolique, & sainct pierre *Prince de la puissance.* Ce que d'autres expriment en disant, que *la clef de la science*
a esté

a esté donnée à S. Paul, & *celle de la puissance* à S. Pierre : non que S. Paul fust sans puissance, & S. Pierre sans science ; mais parce que la puissance de S. Pierre est plus clairement exprimée dans l'Escriture, qui tesmoigne que Iesus-Christ luy donna la puissance de lier & de deslier, & de paistre ses agneaux & ses brebis. Au lieu que la science de sainct Paul y paroist dauantage, en ce qu'il a plus escrit, & qu'il a traitté des mysteres plus importans, & plus éleuez. Car Dieu a voulu que ces deux qualitez fussent ainsi comme separées dans ces deux Apostres, afin qu'elles eussent plus d'éclat, & qu'on peust mieux voir en quel degré elles doiuent estre jointes dans vn mesme Euesque.

cipatum. Ambr. in Ps. 118. ser. 22. Ambo igitur claues à Domino acceperunt sciétiæ istæ, ille potentiæ. S. Maximus serm. 5. de nat. SS. Ap. Matth. 16. Ioan. 21.

III. La conionction de ces deux Apostres marque celle de la douceur & de la force, qui est necessaire à vn Euesque, & à vn Pasteur de l'Eglise, parce que sans la douceur, sa puissance degenere en tyrannie, selon les Peres ; & sans la force, elle degenere en flatterie & en bassesse : & qu'auec l'vne & l'autre, il est vn Pasteur veritable, & vn parfaict pere des ames. Ainsi sainct Paul a tousiours tesmoigné beaucoup de force ; & sainct Pierre beaucoup de douceur & de retenuë ; la grace du sainct Esprit l'ayant changé d'vne façon si merueilleuse, qu'au lieu qu'auant la mort de Iesus-Christ il n'estoit que feu, il n'a fait paroistre depuis la Resurrection que douceur & moderation extraordinaire dans ses escrits, dans ses actions, & dans toute sa vie ; iusqu'à souffrir d'estre repris par vn plus ieune que luy deuant tout le monde, sans repliquer vne seule parole. Ce qui semble ne pouuoir estre attribué qu'à la grandeur de la douleur & du ressentiment de son peché, lequel estant venu d'vne chaleur excessiue, il a voulu tesmoigner à Dieu le regret veritable qu'il en auoit, en euitant toute sa vie la chaleur mesme legitime, pour apprendre aux penitens combien ils doiuent fuir les choses indifferentes qui les pourroient faire retomber dans leurs pechez passez ; puis qu'vn si grand Apostre a euité les vertus mesmes qui sembloient s'approcher d'auantage de l'excés & du peché qu'il auoit commis.

IV. Cette conionction monstre qu'vn Euesque doit estre vn parfait exemple de penitence, sa charge ayant pour but

d'expier les pechez des hommes, qui ne peuuent eſtre ex-
piez que par la penitence. Et quoy qu'il ne faille point douter que tous les Apoſtres ne ſe ſoient acquittez dignement
de ce deuoir comme de tous les autres, neantmoins il eſt
extrémément remarquable, que nous ne ſçauons rien en
particulier de leur penitence. Mais comme l'Eſcriture nous
a repreſenté en quelque ſorte les pechez de tous les hommes dans ceux de ces deux Apoſtres : puis que les racines
de tous les pechez ſont l'infirmité & l'ignorance, & que
celuy de ſainct Pierre eſt venu de la premiere, comme
celuy de ſainct Paul de la ſeconde : Ainſi elle nous à repreſenté dans leur penitence celle de toutes ſortes de pecheurs,
afin que cette vertu, qui eſt ſi neceſſaire à tous les hommes
nous fuſt particulierement recommandée par l'exemple des
deux Apoſtres generaux de tous les hommes, & de toute
l'Egliſe. Car leur penitence a eſté ſi merueilleuſe, qu'encore que ces pechez euſſent eſté parfaictement remis, à l'vn
par ſes larmes & par la deſcente du ſainct Eſprit, & à l'autre par le bapteſme ; toutesfois ils n'ont pas laiſſé de les
pleurer & de les lauer toute leur vie par leurs prieres, & par
leurs œuures, comme S. Ambroiſe le teſmoigne de S. Pierre, & ſainct Auguſtin de S. Paul, diſant, que tout ce qu'il a
ſouffert depuis ſa conuerſion, a ſeruy pour expier les crimes
qu'il auoit commis auparauant contre Ieſus-Chriſt, & contre l'Egliſe. Ce qui monſtre quel parfaict exemple de penitence vn Eueſque, & vn vray Paſteur doit donner à ceux
qui dépendent de ſa charge, & à toute l'Egliſe.

V. Cette conionction eſt vne excellente image de la grace de Ieſus-Chriſt, de laquelle vn Eueſque doit eſtre predicateur & defenſeur iuſques à la mort, puis que ſans elle il
n'eſt point different des miniſtres de la loy, ne pouuant rien
faire, non plus qu'eux, pour le ſalut des ames. Cette grace
eſt de deux ſortes : l'vne empeſche les hommes de tomber,
& l'autre les releue apres leur cheute. La premiere eſt la
grace des iuſtes; la ſeconde eſt celle des penitens: & ces deux
membres enferment tous les effects que la miſericorde de
Dieu répand ſur nous dans cette vie.

La premiere de ces deux graces a eſté marquée en S. Pier-

re, marchant fur la mer, lors que Iefus-Chrift le fouftenánt
par la main, l'empefcha de faire naufrage: & la feconde fut
marquée en S. Paul, lorfqu'ayant fait trois fois naufrage,
il le retira autant de fois du fonds de la mer ; pour faire paroiftre vifiblement à tout le monde, dans la perfonne de ces
deux Apoftres, qui eftoient les Maiftres de tous les hommes, & les Predicateurs de fa mifericorde, que nous ne
fçaurions nous defendre des occafions des pechez, où nous
fommes engagez dans ce fiecle, ny nous releuer apres que
nous fommes tombez, que par la vertu de fa main, & par
l'affiftance particuliere de fa grace. Car comme la mer eft
la figure du fiecle prefent, felon l'Efcriture, & felon les
Peres, les rencôtres de S.Pierre & de S.Paul fur la mer,ont
efté les images de celles de tous les fideles durant cette vie.

C'eft pourquoy lors que l'Eglife inuoque Dieu par l'in-
terceffion de ces fainčts Apoftres, dans l'oraifon ancienne,
qui a efte compofée par vn Pape, elle fait mention particuliere de ce double miracle ; afin de l'engager à luy accorder
par leurs merites cette double grace, dont il luy a donné la
connoiffance par leur exemple, & de répandre generalement fa benediction fur tous fes enfans, par ceux-mefmes
dont il s'eft feruy pour refpandre fur eux cette lumiere : *Deus cuius
Dieu, dit-elle, *de qui la main a releué fainčt Pierre marchant* dextera
fur les flots, pour empefcher qu'ils ne le fubmergeaffent ; & qui beatũ am-
a deliuré fon Coapoftre fainčt Paul du fonds de la mer, apres bulantẽ in
qu'il euft fait trois fois naufrage ; exaucez nous par voftre mi- fluctibus ne
fericorde, & faittes que par le merite de tous les deux nous ac- mergeretur
querions la gloire de l'eternité. erexit ; &
coapoftolũ
De forte que comme ces diuins Apoftres ne font qu'vn eius Paulũ
en tant d'autres qualitez, que nous auons remarquées, ils tertiò nau-
ne font encore qu'vne image entiere & accomplie de la gra- fragantem
ce de Iefus-Chrift, & des effects qu'elle produit dans tous de profũdo
les hommes. Et ainfi le Siege Apoftolique eft par eux vn Pelagi libe-
facré monument de cette grace, & vn oracle perpetuel de rauit, exau-
cette verité importante, qu'il a fouftenuë tant de fois par di nos pro-
les plus fainčts, & les plus celebres des Papes.Que nous ne pitius, &
pouuons euiter aucun peché, ny nous deliurer de ceux que concede
nous auons faits, c'eft à dire que nous ne pouuons ny con- vt amborũ
meritis
æternitatis
gloriam cõ-
fequamur.
In cõmem.
com. Offic,
Rom.

tinuer, ny commencer de bien viure, que par vn secours
particulier de Iesus-Christ, & par la puissance de la grace.
D'où il s'ensuit que cette mesme reconnoissance & cette
mesme défense de la grace du fils de Dieu est particulierement recommandée à l'estat Episcopal, & à tous les Euefques, dont ces grands Apostres sont le modele.

VI. La conionction de ces deux Apostres monstre la
grande charité, qui se doit rencontrer dans l'ordre Episcopal, puis qu'il est institué pour communiquer au monde les
effects de la plus grande charité, qui est celle de Iesus Christ.
Car le nombre de deux, selon l'explication des Peres, si-
gnifie la Charité dans l'Escriture; parce qu'elle nous lie
auec le prochain, & nous le fait regarder comme vn autre
nous-mesme. C'est pourquoy ils disent, que lors que le fils
de Dieu enuoya ses Disciples deux à deux, il leur apprist
que la Charité les deuoit tousiours accompagner dans leurs
missions & dans leurs voyages; & que tout ce qu'ils pourroient faire pour les autres, seroit inutile pour eux-mesmes
& ne meriteroit pas la benediction qu'il leur auoit promise,
s'il ne naissoit de cette source. Ce qui nous apprend que lors
qu'il a ioint particulierement les deux premiers Apostres
pour en faire vn Chef de l'Eglise, il a tesmoigné que la charge Episcopale doit estre remplie de Charité, & dégagée
de toute sorte d'interest & d'affection charnelle.

Enfin cette conionction admirable est vne preuue manifeste de la prudence & de la moderation auec laquelle les
Euesques doiuent gouuerner l'Eglise, non par leur propre
esprit & par leur propre lumiere, mais par côseil, & par cô-
munication, principalement de ceux de leur ordre. Car l'v-
nion & l'intelligence dans laquelle ces deux Apostres ont
agy durant toute leur vie, est aisée à iuger par l'affection
singuliere que l'Eglise tesmoigne qu'ils ont euë l'vn pour
l'autre. Et l'Escriture nous le marque assez lors qu'elle nous
apprend que sainct Paul alla trouuer sainct Pierre, & con-
Galat. 2. fera auec luy de tout ce qui regardoit la predication de l'E-
uangile, establissant d'vn commun consentement les ordres
Inter se di-
stributionê qu'ils suiuoient dans l'exercice de leur ministere. *Ils regle-*
officii ordi. *rent ensemble les diuerses fonctions de leur charge,* dit Tertulien

mais ils ne diuiſerent point l'Euangile. C'eſt vn merueilleux exemple de l'humilité auec laquelle les Eueſques doiuent exercer leur miniſtere, ſe ſouuenant qu'ils ſont eſtablis pour ſeruir les peuples fideles, & non pour dominer comme des Princes ſeculiers, en faiſant paſſer leurs volontez & leur commandemens pour des raiſons & des ordres legitimes, contre la parole de ſainct Pierre, *Ne dominez pas dans l'heritage du Seigneur, mais ſoyez l'exemple du troupeau.*

Mais Dieu a voulu que la rencontre que ces ſaincts Apoſtres eurent à Antioche, fuſt vne euidente preuue, que leur intelligence eſtoit tres-éloignée de ces cõplaiſances baſſes & humaines des gens du monde, qui n'ont pour-but que leur ſatisfaction particuliere; & qu'au contraire elle eſtoit toute ſaincte & toute pure, n'ayant autre obiect que la verité & la fidelité qu'ils deuoient à Dieu, dans lequel ils s'aimoient ſans eſtre attachez l'vn à l'autre, comme ils ne l'eſtoient pas à eux-meſmes. En quoy ils ont donné aux Eueſques vn excellent exemple, de garder tellement entre eux & auec les autres, l'vnion & la correſpondance qui eſt neceſſaire pour receuoir le ſecours dont ils ont beſoin dans l'exercice de leurs charges, qu'ils les regardent touſiours neantmoins comme des hommes ſuiets à l'infirmité, & qu'ainſi ils ſoiẽt preſts de s'en ſeparer, lors qu'ils verront clairement qu'ils ſe ſepareront eux-meſmes de la voye & de la regle de l'Euangile.

Il n'eſt pas neceſſaire de m'eſtendre dauantage pour repreſenter tout ce qu'on pourroit dire ſur cette matiere, qui eſt infinie. Les poincts que i'ay marquez ne ſont que trop ſuffiſans pour verifier ce que i'ay entrepris de prouuer; Que la doctrine qui eſt expliquée dans ce diſcours, releue également la grandeur de la puiſſance, & la grandeur de la ſaincteté du Siege Apoſtolique; qu'elle le rend non ſeulement le chef & le centre de *l'honneur Paſtoral,* pour parler auec ſainct Proſper, mais auſſi la regle & l'idée de la vertu & de la perfection Epiſcopale; non ſeulement le Throſne de l'autorité; mais auſſi le Throſne de la grace & de l'eſprit Eccleſiaſtique; & qu'ainſi elle fait voir, qu'il eſt le Siege veritable de celuy qui appelle d'ordinaire ſon Apoſtolat grace &

Marginalia:

nauerunt, non ſeparatiõeEuangelij. Tertul.preſ. c. 23.

S. Proſp. in carm. de Ingratis.

Rom. 1. v. 5. Epheſ. 3. v. 8 &c.

mifericorde, pour monftrer que l'autorité fans la vertu eft
vn iugement & vne punition de Dieu felon les Peres; & que
la vertu y eftant iointe, c'eft vne grace & vne mifericorde
par excellence, & la plus grande que Dieu face fur la terre,
n'y en ayant point qui approche de celle d'vn Euefque qui
eft dans la perfection de fon eftat & de fa vocation.

Mais quand cette doctrine ne feroit autre chofe qu'ad-
iouter à la gloire du Siege Apoftolique tous les aduantages
toutes les préeminences, & toutes les merueilles de fainct
Paul; Que de le rendre heritier legitime de tant de biens
que Dieu luy a donnez, & de tant de loüanges dont il a efté
honoré par les plus grands hommes de l'Eglife; que de fou-
ftenir qu'il eft le Siege de celuy que quelques vns des Peres
doutent s'il faut preferer à fainct Pierre; & que d'autres,
comme S. Chrifoftome, publient toufiours pour le premier
apres Iefus-Chrift; il femble que bien loin de faire tort à
l'Eglife Romaine, elle n'augmenteroit pas moins fa fplen-
deur, que fi on mettoit dans le threfor d'vn Prince vn Dia-
mant extraordinaire; qui difputeroit du prix auec tout ce
qu'il y auroit de plus beau & de plus magnifique.

S. Max.
hom. 5. de
SS. Apoft.

ARTICLE VIII.

Refponfe aux Obiections, Et particulierement à celles de Mon-
fieur l'Euefque de la Vaur, contre cette doctrine qu'il
attribuë fauffement à feu Mr l'Abbé de fainct
Cyran, pour auoir fuiet de le defchirer.

IE penfe que ceux qui prendront la peine de lire les arti-
cles precedens, pourront voir ayfément, qu'il n'eft pas
beaucoup neceffaire de répondre aux Obiections des ad-
uerfaires, puis que la feule lumiere de la verité les a defia
diffipées. Neantmoins pour les empefcher de fe plaindre
qu'on les ait trop mefprifées, il eft bon les reprefenter icy,
& d'y appliquer en particulier ce qui a efté dit en general,
afin que les moins intelligens en reconnoiffent la foibleffe,
& la force inuincible de la verité qui eft combattüe.

Ces Obiections sont; ou des choses faussement supposées, ou des arguments. Les choses qu'on impose faussement sont premierement ; *Qu'on rend les autres Apostres égaux à saint Pierre.* Ce qui est estrange, que Monsieur l'Euesque de la Vaur ait bien voulu asseurer, puis que cela destruit vne autre de ses accusations assez remarquable, sçauoir; *Qu'on rend le Chef de l'Eglise monstrueux & difforme, en luy donnant vn mélange de deux Chefs, c'est à dire de deux visages, quatre yeux, & quatre oreilles.* Car s'il est vray qu'on égale les autres Apostres à S. Pierre, on ne rend pas le Chef de l'Eglise monstrueux & difforme par le meslange de deux Chefs, mais par le meslange de treize Chefs ; & on ne luy donne pas deux visages, quatre yeux, & quatre oreilles ; mais sept fois autant: Ce qui fait voir que le raisonnement de Monsieur l'Euesque de la Vaur est peu digne de la subtilité d'vn grand Philosophe, & de la solidité d'vn grand Theologien.

Monsieur
de la Vaur
p. 33.

Page 141.

Le Iesuite, qui a publié vne Analyse du liure de la frequente Communion, remplie de faussetez & d'impostures, a tesmoigné icy vn peu plus de conscience : car il n'a pas accusé Monsieur Arnaud de tenir que les autres Apostres ont esté égaux à saint Pierre, mais il s'est contenté de dire, que c'est vne suitte & vne consequence de sa doctrine. *Si le Chef de l'Eglise*, dit-il, *est composé de deux Apostres, il faut confesser en suitte, qu'il est composé de tout le College des Apostres.* Mais les moindres Theologiens n'ignorent pas que ces consequences ne sont point receuables lors qu'il s'agist des matieres de faict, & d'institution diuine: parce qu'elles dependent de la volonté de Dieu, & non de la proportion & de la suitte naturelle des choses. Autrement il n'y auroit rien qu'on ne peust prouuer dans les mysteres de nostre Religion : & il s'ensuiuroit que les priuileges qui ont esté dónez à vn Apostre, auroient esté dónez à tous les autres, puis qu'ils estoient tous Apostres & disciples de Iesus-Christ; & qu'ainsi ils auroient esté tous également Apostres des Gentils, comme S. Paul ; & Chefs de l'Eglise, comme sainct Pierre. Nous sçauons par les Escritures, par le consentement des Peres, & par la Tradition ancienne de l'Eglise Romaine, que Iesus Christ a voulu ioindre sainct Paul à sainct Pierre dans la

Response
à l'Apolog.
du sieur Ar-
nauld, pag.
6.

qualité de Chef de l'Eglise de Rome, & de toutes les autres
Eglifes: mais nous n'auons aucun tefmoignage qu'il ait voulu communiquer cét honneur aux autres Apoftres.

Ce mefme raifonnement fe trouue dans le liure de cét autre Iefuite, caché fous le nom d'Eufebe, lequel l'a feulement
voulu orner par quelques paroles pleines d'excez & de paffion, qui font aujourd'huy les fleurs les plus communes, dôt
ces bons Peres embelliffent leurs difcours. Car apres auoir
conclu, *Qu'on veut dire fourdement & infinuer fubtilement
dans les efprits cette creance, que les autres Apoftres eftoient
égaux à fainct Pierre*; il a eu la hardieffe de reprocher à Mô-
fieur Arnauld que dans vn liure approuué par feize Euefques *il veut abbatre la tefte de l'Eglife, comme vn Herode.* De
forte que felon luy Monfieur Arnauld veut faire vn monftre à douze ou treize teftes ; & il veut en mefme temps luy
couper toutes ces teftes imitant la cruauté d'Herode.

La feconde impofture eft, *Qu'on égalle la puiffance des
Euefques à celle du Pape.* Ce qu'ils expriment par vne phra-
fe qui leur eft commune, en difant, *qu'on flatte les Euefques
d'égalité auec le Pape.* Mais cela eft tellement faux, que Monfieur l'Euefque de la Vaur n'en ofe parler que comme d'vne
confequence douteufe. *Il femble,* dit-il, *qu'il ait voulu égal-
ler les Euefques fucceffeurs des Apoftres, au Pape fucceffeur de
fainct Pierre.* Et cette confequence eft fi foible, qu'elle n'eft
fondée que fur vn faux antecedent, qui eft, qu'on rend tous
les Apoftres égaux à fainct Pierre. Mais cet antecedent
ayant efté deftruit, comme vne impofture vifible, la conclufion qu'on en tire tombe neceffairement auec luy. Comme on reconnoift l'auantage de fainct Pierre par deffus les
autres Apoftres, on reconnoift auffi l'auantage du Pape fucceffeur de fainct Pierre par deffus les Euefques, qui fuccedent aux autres Apoftres. Et comme on fouftient par la
Tradition de l'Eglife, que fainct Paul a efté égal à fainct
Pierre en qualité de Chef de l'Eglife Romaine, & de toute
l'Eglife vniuerfelle; on fouftient auffi par la mefme Tradition que c'eft le Pape, & non les autres Euefques, qui fuc-
cede en cette qualité à fainct Paul, comme il fucceda à fainct
Pierre; & que la puiffance de ces deux Apoftres eft reünie
dans

dans sa personne. Et c'est pour cela que l'Eglise de Rome, est appellée le Siege de sainct Pierre & de S. Paul ; *Et que les Papes reconnoissent sainct Paul pour leur Pere, & leur predecesseur, aussi-bien que sainct Pierre*, comme le Cardinal Bellarmin l'aduoüe, & comme les Papes mesmes le declarent tous les iours dans leurs Bulles.

Mais pour répondre maintenant aux raisons de Monsieur l'Euesque de la Vaur, qui s'est estendu plus que les autres sur cette matiere, quoy que ce qu'il dit ne soit en substance que ce qui auoit esté dit par les autres, il semble premierement vn peu estrange, qu'il se soit donné la peine de faire des digressions de huict ou dix pages, pour prouuer que l'Eglise a vn Chef, qui est sainct Pierre ; puis qu'il n'y a point de Catholique qui ne demeure d'accord de cette verité: au lieu de prouuer que saint Paul ne l'est pas auec luy; qui est le different qu'il auoit auec Môsieur Arnaud, & le poinct dont il s'agit, lequel toutesfois il semble auoir voulu euiter. Car il ne paroist rien dans son discours, qui en approche, que cette belle remarque qu'il fait, *Que la sage prouidence de Dieu, pour empescher que les Gentils, dont sainct Paul estoit specialement le Predicateur & l'Apostre, ne le fissent passer pour vn second Chef de l'Eglise, a voulu faire voir en cette rencontre, où sainct Paul perd sa teste en la presence de S. Pierre, que saint Pierre estoit le seul Chef de l'Eglise militante.*

Mais cette meditation est si mal fondée, qu'on la peut renuerser par vne demonstration aussi facile qu'euidente, en disant simplemeut, qu'il est impossible que la prouidence de Dieu ait voulu qu'on tranchast la teste à saint Paul, pour empescher vne chose qui est effectiuement arriuée. Car nous auons fait voir par quantité de tesmoignages des anciens, que l'Eglise des Gentils a tousiours tenu saint Paul pour collegue de saint Pierre dans la charge d'Euesque de Rome, & de Chef de toute l'Eglise. Ce qui est vne marque euidente, que la prouidence de Dieu n'a pas voulu empescher cét effect; si ce n'est qu'on ne veuïlle dire qu'elle s'est trompée, & que l'Eglise se trompe auec elle, lors qu'elle dit dans ses prieres publiques; *Deus cuius prouidentia in sui dispositione non fallitur.*

Bellar. li. 2. de Pontif. cap. 27. Romani Pontifices tam Petrū quam Paulum prædecessorem & parentem agnoscunt

Depuis la page 333. iusques à la page 341.

Page 340.

Domin. 7. post Pent.

G

Ie ne m'arresteray pas à ce que Monsieur l'Euesque de la Vaur adiouste, que S. Paul perdit sa teste *en la presence de S. Pierre*, bien que l'Histoire tesmoigne, qu'encore qu'ils ayent esté enfermez dans vne mesme prison, & qu'ils ayent enduré la mort en vn mesme iour; ils l'ont toutefois endurée en deux lieux differens, sainct Pierre au Vatican, & sainct Paul *hors la porte d'Ostie à trois lieuës de Rome.* Mais il n'est pas besoin de chercher plus de preuues pour conclure que Monsieur l'Euesque de la Vaur ne parle point en Prophete des desseins de la prouidence diuine, apres auoir mostré qu'il est si éloigné de preuoir l'auenir, qu'il ne voit pas seulement le passé.

Cela paroist encore en ce qu'il asseure peu auparauant, que *sainct Iean Baptiste à cause de sa haute vertu, & de son eminente Saincteté; estoit tenu par plusieurs pour le Messie, & pour le Chef souuerain de la nouuelle Eglise: mais que la diuine prouidence dispose qu'en son martyre la teste luy soit coupée,* pour faire voir que cette qualité ne pouuoit appartenir qu'à Iesus-Christ, que l'Eglise ne pouuoit auoir qu'vn Chef. Car cette pensée est si peu conforme à la prouidence diuine, qu'elle est formellement côtraire à l'Escriture, laquelle tesmoigne bien que les Iuifs firent demander à sainct Iean Baptiste s'il estoit le Messie; mais elle tesmoigne en mesme temps que S. Iean declara plusieurs fois qu'il ne l'estoit pas, & que cette qualité appartenoit à vn autre. De sorte qu'il estoit impossible qu'il fust tenu pour Messie, pour Chef de l'Eglise, que par ceux qui eussent peu croire que le Messie, & le Chef souuerain de l'Eglise estoit menteur, & faux Prophete. Aussi l'Escriture ne dit pas que personne ait eu cette opinion de luy, qu'il fust le Messie: tant s'en faut qu'elle l'attribue à plusieurs, comme fait icy Monsieur l'Euesque de la Vaur. C'est pourquoy on s'étonnera peut-estre, que produisant ces pensées qui ne peuuent passer que pour des meditations sans fondement, il prenne suiet de se mocquer de ses aduersaires, en les appellant *Peres contemplatifs*, & en les accusant de produire *des songes & des phantosmes*, lors qu'ils ne parlent que des veritez fondées sur le consentement de l'Efcriture, & des Peres de tous les fiecles.

Voicy encore vn des argumens que forme Monfieur l'Euefque de la Vaur, qui eft que fi fainct Pierre & S. Paul ont efté Chefs de l'Eglife, il s'enfuit par vne confequence infaillible, que l'eftat de l'Eglife n'eft pas monarchique, & que fon vtilité fera deftruite entierement. Si cette confequence eftoit bonne, il faudroit que l'Empire de Rome euft ceffé d'eftre monarchique lors qu'il y a eu plufieurs Empereurs. Ce que neantmoins aucun politique, ny aucun Philofophe n'a iamais dit, cét Empire ayant efté tenu l'vne des quatres monarchies plus celebres, felon la Prophetie de Daniel. Il faudroit auffi que l'eftat de la Synagogue n'euft pas efté monarchique, parce qu'il eft clair que Aaron en eftoit le Chef en qualité de grand Preftre, & que Moyfe ne l'eftoit pas moins que luy, puis qu'outre les raifons qui ont efté alleguées cy deuant, c'eftoit luy qui donnoit les ordres, & à tout le peuple, & à Aaron mefme, & qu'il eftoit non feulement conducteur, mais auffi Legiflateur de ce peuple. Il faut donc aduoüer que toute multiplicité de Chefs ne repugne pas à l'eftat Monarchique; & qu'ainfi on ne peut pas conclure legitimement, que l'eftat de l'Eglife n'eft pas monarchique, parce qu'elle a eu deux Chefs. Cecy pourroit fuffire pour l'eftabliffement de cette verité. Mais puis que Monfieur l'Euefque de la Vaur fait profeffion d'exceller dans l'intelligence de l'art du raifonnement & de la Logique, ie diray encore vn mot de cette difficulté, qui regarde les principes de la Philofophie.

Il eft certain que la multiplicité des Chefs ne repugne à la Monarchie, que lors que plufieurs partagent tellement la puiffance fouueraine, qu'aucun ne la poffede pleinement : comme il fe void dans les eftats Ariftocratiques, & Oligarchiques, où l'autorité fouueraine n'eftant que dans l'affemblée des Chefs, eft tellement diuifée, qu'elle ne fe trouue point entiere dans aucun particulier, & ainfi cette diuifion & cette multiplicité repugne à l'vnité, qui eft effentielle à l'eftat monarchique.

Page 332.

Dan. 2. & 7.

G ij

où il faut qu'il se rencontre tousiours vn Prince, & vn souuerain. Mais lors que la plenitude de la puissance est tellement en plusieurs, qu'ils peuuent faire des actions de souueraineté aussi-bien separément, que tous ensemble ; cette
pluralité n'est pas contraire à l'vnité de l'estat monarchique, parce qu'elle n'empesche pas que chacun des Chefs
ne soit prince absolu , & que l'autorité souueraine ne demeure la mesme dans diuers suiets , comme s'il n'y en auoit
qu'vn.

Iustin mar.
l. de Monar.
&c.

Ainsi l'estat de la saincte Trinité est excellemment monarchique selon les Peres, parce qu'encore qu'il y ait trois
personnes differentes , elles n'ont toutes qu'vne mesme
puissance, aussi souueraine, & aussi independante dans cha-
cune à part, que dans toutes trois conioinctement. C'est

Et tamen
non tres
Domini,
sed vnus est
Dominus.
In symbol.
Athanas.
1. Cor. 12. 5.
1. Tim. 6. 15.

pourquoy elles ne sont proprement qu'vn mesme Seigneur, & vn mesme Roy , selon la foy de l'Eglise , & selon
les Escritures.

Ainsi l'Empire Romain demeuroit monarchique, lors
qu'il estoit entre les mains de plusieurs Empereurs, parce
qu'ils estoient *consortes Imperÿ* , c'est à dire possedans vne
mesme souueraineté, non comme plusieurs dependans l'vn
de l'autre, mais comme deux suiets qui possedoient pleinement la mesme autorité souueraine , soit qu'ils fussent sepa-
rez , ou qu'ils fussent ensemble. Aussi lors que l'vn venoit à
mourir, l'Empire n'estoit point vacquant & toute la puissance souueraine subsistoit dans l'autre : lequel choisissoit
quelqu'vn pour succeder à son collegue, s'il vouloit ; ou
bien il regnoit tout seul, sans dependre de personne.

Ainsi Moyse & Aaron gouuernoient conioinctement la
Synagogue, sans blesser l'vnité de son estat monarchique,
parce que leurs charges estoient également souueraines,
quoy qu'ils agissent dans vne vnion & vne intelligence par-
faicte, & que Moyse eust vne communication particuliere
auec Dieu, comme Prophete, qui luy donnoit de l'aduantage par dessus Aaron.

Ainsi sainct Pierre & sainct Paul ont gouuerné l'Eglise,
sans luy oster ce mesme estat & cette mesme forme , parce

qu'ils poſſedoient tous deux enſemble, & chacun à part, la
plenitude de la puiſſance Eccleſiaſtique; & que l'autorité
ſouueraine ſe trouuant vne & indiuiſible dans deux ſuiets,
elle en faiſoit pluſtoſt vn meſme Chef, & vn meſme Prince,
que deux Chefs differens; comme les Philoſophes diſent,
que ſi vne meſme ame eſtoit dans deux corps, elle ne ſeroit
qu'vn meſme homme. De ſorte que quãd ces deux Apoſtres
euſſent laiſſé chacun vn ſucceſſeur auec la meſme autorité,
ces ſucceſſeurs n'euſſent pas empeſché, non plus qu'eux, que
l'eſtat de l'Egliſe n'euſt touſiours eſté parfaictemẽt monarchique: quoy que pour le faire paroiſtre tel, encore plus vi-
ſiblement, Dieu ait voulu qu'ils n'euſſent qu'vn ſeul ſuccef-
ſeur, qui eſt le Pape.

Ie penſe qu'apres cela les argumens de Monſieur l'Eueſque de la Vaur pourront paroiſtre peu conſiderables. Car
de publier qu'en ſouſtenant ainſi cette vnité de ſainct Pierre
& de ſainct Paul, on rend le Chef de l'Egliſe difforme &
monſtrueux, comme vn corps *à deux teſtes; à deux viſages,* Page 341.
à quatre yeux; & à quatre oreilles; Il ſemble que ce ſoit ſe
loüer des choſes diuines auec des paroles & des penſées, qui
ne paroiſſent pas aſſez graues, & qui pourroient donner
trop d'auantage aux ennemis de Dieu & de ſa Religion,
s'il les appliquoient aux autres myſteres du Chriſtianiſme.

Par les regles de cette Dialectique, les Canons diſans C'eſt dans
que l'Archidiacre eſt l'œil de l'Eueſque, *oculus Epiſcopi*, on les Decre-
pourroit conclure, que les Eueſques ſont des monſtres, & tales.
des teſtes à trois yeux; & qu'ils rendent les Egliſes difformes
& monſtrueuſes. On pourroit conclure que les trois ſieges
Patriarchaux ne faiſant qu'vn meſme Siege de ſaint Pierre, S. Greg. i. 6.
& les trois Patriarches vn meſme Eueſque, ſelon ſaint Gre- Ep. 37. ad
goire; le Siege de ſaint Pierre, & l'Eueſque qui l'occupe, eſt Eulod. Ep.
vn monſtre non à deux mais à trois teſtes, & à trois faces, à Alexangiũ.
ſix yeux, & à ſix oreilles. En'fin on pourroit conclure auec
Seruet, cét impie Hereſiarque, que Caluin meſme fit bruſ-
ler dans Geneue, que la ſainte Trinité, qui n'eſt qu'vn meſme Roy, & vn meſme Seigneur, ſelon la creance de l'Egliſe,

G iij

est vn monstre & vn Cerbere à trois testes, selon la pensée de cét homme abominable. Ce qui est d'autant plus remarquable, que les Peres ont comparé l'vnité non de deux Apostres, mais de tous les Euesques du monde, à celle de la tres-saincte Trinité, qui n'est pas blessée par la diuersité des personnes, non plus que celle de tous les fidelles, lesquels le Fils de Dieu a voulu rendre vne mesme chose, *comme le Pere & luy ne sont qu'vn.*

Il ne faut donc pas abuser de la sorte du sens metaphorique, auquel on prend le mot de *Chef*, lors qu'on l'attribuë aux Euesques, parce qu'ils sont la partie la plus eminente de l'Eglise, qui conduit toutes les autres, comme la teste est la partie la plus eminente, qui conduit tout l'animal ; pour conclure que toutes les conditions & les proprietez d'vne teste corporelle, se doiuent rencontrer également dans vn chef & vne teste spirituelle ; de peur de se rendre odieux à tous les hommes, selon la parole de l'Escriture, *Qui sophistice loquitur, odibilis est.*

Sainct Leon, & sainct Chrysostome sont allez au deuant de cette obiection, lors qu'ils ont dit que saint Pierre & saint Paul estoient *les deux yeux du Chef de l'Eglise, & vn corps de Iesus-Christ.* Ce qui sert encore pour faire voir l'égalité & l'vnité de ces Apostres en la maniere qu'elle vient d'estre expliquée. Car, comme chaque œil a la puissance de voir auec independance de l'autre œil, en sorte qu'il peut voir auec independance de l'autre œil, en sorte qu'il peut voir seul tous les obiects que les deux yeux voyent ensemble ; & toutesfois ils ne sont tous deux qu'vne mesme faculté de voir, & vne mesme puissance qui produit vne mesme operation, & vne mesme veuë des obiects exterieurs. Ainsi saint Pierre & sainct Paul auoient chacun la plenitude de la puissance spirituelle ; en sorte qu'ils ne dependoient pas l'vn de l'autre, & pouuoient agir separément, comme Chefs de l'Eglise, & neantmoins ils ne faisoient qu'vn mesme Chef, parce qu'ils n'auoient qu'vne mesme puissance, laquelle ils exerçoient dans vne vnion & vne vnité sans comparaison plus grande, que n'est celle des deux yeux dans des fonctions naturelles.

Symmachus Papa Epist.2.ad Æonium Ep. Arel, &c,

Ioan. 17. y. 21. 22.

Eccli. 37. y. 23.

Voyez l'article 3. & 4.

Les autres Obiections de Monſieur l'Eueſque de la Vaur
ſont encor moins apparentes. Il nous demande ſi *ce meſlan-*
ge de ſainct Pierre & de ſainct Paul eſtoit neceſſaire. A quoy   Page 341.
nous reſpondons, qn'il eſtoit neceſſeire, puis que Dieu l'a
ordonné, & qu'il doit neceſſairement eſtre obey, ſans que
perſonne puiſſe reſiſter à ſa volonté, ſelon l'Eſcriture.

Nous reſpondons en ſecond lieu, que la conionction de
ſainct Pierre & de ſainct Paul eſtoit *vnion & vnité,* & non
mixtion & *meſlange,* comme Monſieur l'Eueſque de la
Vaur l'appelle par meſpris. Car encore que ce nom de *meſ-*
lange ne ſoit pas touſiours odieux dans le langage de l'E-
gliſe, puis que les Peres l'ont appliqué au tres-ſainct myſte-
re de l'Incarnation, où ils ont dit, que la diuinité & l'humanité ont eſté meſlées enſemble, pour marquer leur vnion
intime, & leur penetration mutuelle : comme pour la meſme raiſon ils ont dit que la chair de Ieſus-Chriſt ſe meſle
auec nous dans l'Euchariſtie : toutesfois il paroiſt aſſez
dans le ſtyle de Monſieur l'Eueſque de la Vaur qu'il ne le
prend pas de la ſorte, & qu'il a deſſein de marquer vne con-
fuſion & vne deſtruction des choſes, auſquelles il attribüe
ce meſlange.   Ce que neantmoins il n'a pas peu conclure
raiſonnablement, de ce que Monſieur Arnaud a eſcrit,
que ſainct Pierre & ſainct Paul ne ſont qu'vn Chef de l'E-
gliſe, comme il n'y auroit point d'apparence de conclure,   Ioan. 17.
que lors que l'Eſcriture a dit, que tous les fidelles ne ſont   Gal. 3. v.28.
qu'vn, elle a voulu dire qu'ils ſont tous meſlez enſem-
ble.

Secondement il demande, ſi ſainct Pierre n'eſtoit pas   Page 341.
Chef de l'Egliſe deuant la conuerſion de ſaint Paul, & ſi
apres cette connerſion, ou pour le moins apres la mort de
ces deux Apoſtres, n'y ayant plus qu'vn Chef de l'Egliſe
& vn Pape, la forme de l'Egliſe a eſté changée. Ie reſponds
que ſainct Pierre eſtoit ſeul Chef de l'Egliſe deuant la
conuerſion de ſainct Paul, & que ny apres cette conuerſion, lors que ſaint Pierre & ſainct Paul gouuernoient
enſemble l'Egliſe, ny apres la mort de ces deux Princes
des Apoſtres, l'eſtat de l'Egliſe n'a point eſté changé, maiſ

qu'il est tousiours demeuré également Monarchique, parce que la pluralité des suiets, où reside l'authorité souueraine, n'empesche pas la Monarchie, pourueu qu'ils la possedent chacun toute entiere. De sorte que soit que la plenitude de la puissance fust en cette maniere en S. Pierre seul, ou dans saint Pierre & S. Paul; & soit qu'elle eust passé apres eux à vn, ou à plusieurs successeurs, qui l'eussent eüe de la mesme sorte, & auec la mesme plenitude: cela ne pouuoit apporter aucun changement essentiel à l'estat Monarchique de l'Eglise: puis que l'ame de cét estat, qui est l'autorité souueraine & la plenitude de la puissance, demeuroit tousiours entiere. Ainsi personne ne s'est imaginé que l'estat Monarchique de l'Empire Romain fut chãgé, & prist vne nouuelle forme, lors que les Empereurs associoient leurs enfans ou leurs amis à la souueraineté; parce que l'authorité souueraine demeuroit tousiours vnique, & n'estoit point diuisée par les personnes diuerses qui la receuoient. Car la nature & l'essence de l'estat Monarchique consiste proprement en ce que la puissance souueraine demeure tousiours entiere & indiuisible.

Et il semble qu'on peut dire, que cette sorte d'estat est à l'égard des autres estats ce que l'ame raisonnable est à l'égard des ames des animaux: parce que comme les ames des animaux ont des parties differentes dans chaque partie du corps; au lieu que l'ame raisonnable est indiuisible & entiere dans tout le corps, & dans chaque partie : ainsi dans vn estat autre que Monarchique, la puissance souueraine est comme diuisée entre plusieurs, qui n'en ont chacun qu'vne petite partie, laquelle ne peut agir toute seule ; & elle ne se trouue plainement & absolument que dans leurs corps & dans leurs assemblées. Mais la puissance Monarchique ne se diuise iamais, & demeure tousiours pleine, parfaite, & indiuisible dans tous ceux qui la possedent, soit qu'ils soient plusieurs, ou vne seule personne.

Enfin Monsieur l'Euesque de la Vaur soustient que sainct Paul a bien mis des Euesques dans plusieurs Eglises, mais qu'il ne s'est pas arresté à aucun Diocese particulier : *Qu'il a dit*

a dit que sa mission estoit plustost de prescher, que de baptiser, c'est Page 341.
à dire de faire plustost la fonction de l'Apostolat, que de l'ordre
Episcopal : & qu'il n'a point eu de successeurs dans sa mission de prescher l'Euangile à tous les Gentils, parce que c'e-
stoit vn priuilege particulier.

Le plus fort de cette Obiection a esté desia ruïné par l'autorité des Peres, qui tesmoignent que saint Paul a esté Fondateur, Pasteur & Euesque de la ville de Rome auec saint
Pierre ; que cette Eglise est le Siege de l'vn & de l'autre, &
que les Papes succedent également à tous les deux. Comme donc en succedant à la plenitude de la puissance de
saint Pierre, ils ont succedé à celle qu'il auoit en qualité d'Apostre des Iuifs ; de mesme en succedant à la plenitude de la puissance de saint Paul, ils ont succedé à celle qu'il auoit en qualité d'Apostre des Gentils. Et ainsi
ils sont par cette succession Apostres & Chefs generaux
des Iuifs & des Gentils, & par consequent de tous les
peuples du monde, comme il a esté expliqué auparauant.

C'est ce qui nous monstre que la puissance de sainct Paul
sur les Gentils, & celle de sainct Pierre sur les Iuifs, n'estoit
pas vn priuilege personnel, selon Monsieur l'Euesque de
la Vaur, ou vne puissance deleguée, selon quelques autres,
puis qu'on ne succede point à vne puissance deleguée, ny à
vn priuilege personnel, mais à vne puissance ordinaire.
C'est pourquoy il semble qu'il y a de la contradiction en
ce que le Cardinal Bellarmin a escrit, a *Que les Papes re-*
connoissent sainct Paul, aussi bien que sainct Pierre, pour
leur predecesseur, & pour leur pere ; & neantmoins il adiouste que *toute la puissance de sainct Paul, quelque grande qu'el-*
le fust, estoit extraordinaire. Car c'est à la seule puissance
ordinaire qu'on succede, selon tout le monde ; & partant
si les Papes succedent à la puissance de sainct Paul, comme
les enfans succedent à celle de leur pere ; il s'ensuit que
la puissance de sainct Paul a esté ordinaire, & commune
à toute sa race spirituelle, qui est celle des Euesques de
Rome.

Quant à ce que Monsieur l'Euesque de la Vaur adiouste,

a. Romani
Pontifices
tam Petrum
quam Pau-
lum præde-
cessorem &
parentem
agnoscunt.
Et inferius:
Autoritas
Pauli extra-
ordinaria
erat, quanta
tandem es-
set. Bellarm.
lib. 2. de Pon-
tif. cap. 17.

H

que la million de fainct Paul eftoit pluftoft pour faire la
charge d'Apoftre, que d'Euefque, parce qu'il dit, qu'il eftoit
enuoyé pour prefcher, & non pour baptizer; ie m'eftonne
qu'il ait vne idée fi peu aduantageufe de fon caractere, qu'il
s'imagine que la puiffance Apoftolique foit differente de la
puiffance Epifcopale; au lieu de confiderer qu'vn Apoftre &
vn Euefque ne font qu'vne mefme chofe, & que felon toute
l'antiquité & le dernier Concile Oecumènique de Trente,
les Euefques font fucceffeurs des Apoftres. C'eft pourquoy
le nom mefme d'*Apoftre*, & d'*Apoftolat*, leur eft fouuent attribué par les anciens & par les Conciles; quoy qu'il appar-
tienne par eminence au Pape, comme fucceffeur des deux
Princes des Apoftres & des Euefques.

    Il eft encore affez eftrange, qu'il ait pû croire que l'admi-
niftration du baptefme foit plus vne fonction Epifcopale,
que la predication; eftant clair par l'Efcriture, que les Apoftres fe font referuez particulierement le foin de prefcher la
parole de Dieu, comme la principale de leur charge, laiffant
les autres comme moindres à ceux qui eftoient fous eux. Et
afin qu'il ne penfe pas qu'ils ont fait cela comme Apoftres,
& non comme Euefques, fe feruant de fa diftinction preten-
due de la dignité Apoftolique & de l'Epifcopale, les Conciles ont iugé que cette regle regardoit proprement les Euefques, lors qu'ils ont ordonné quafi en mefmes termes, *qu'ils
ne s'employeroient qu'à la lecture, à la priere, & à la predication
de la parole de Dieu.* Et le Concile de Trente a declaré plufieurs fois que la predication eft *la principale fonction des
Euefques*, & par confequent qu'elle eft plus grande & plus
importante que celle de conferer les Sacremens. C'eft
pourquoy il fe trouue bien que les Euefques ont commis
de tout temps l'adminiftration des Sacremens aux Clercs
inferieurs, comme le Baptefme aux Diacres, l'Euchariftie
& la Penitence aux Preftres : mais ils ont efté fort long
temps fans leur commettre la predication de la parole, la
referuant toufiours pour eux mefmes à l'exemple des A-
poftres : Et fainct Auguftin a efté le premier Preftre qui a
commencé de prefcher publiquement en Afrique par le

Trid. feff.23.
c.4.
Epifcopi in
Apoftoloru
locum fuc-
cefferunt.
& alibi fæ-
pe.

Act. 6.v.2.3.
& 4.

Epifcopus
lectioni &
orationi, &
verbi Dei
prædicatio-
ni tantum-
modo va-
cet. Concil.
Carth. 4.
c.20.
Prædicatio-
nis munus,
quod epif-
coporum
præcipuum
eft. Concil.
Trid. feff. 5.
cap. 2. de re-
form. & ff.
24. cap. 4. de
refor.

commandemens des Euefques.

Ainfi lors que fainct Paul a dit qu'il eftoit enuoyé pour prefcher, & non pour baptizer, il a marqué la grandeur de fa miffion Apoftolique, dont le principal exercice eftoit d'annoncer l'Euangile, & d'egendrer des enfans par la parole, à l'imitation de Dieu le Pere, comme il auoit efté ordonné par les autres Apoftres. Car il ne veut pas dire qu'il n'auoit pas abfolument la charge de baptizer, puis que l'Efcriture tefmoigne qu'il a baptizé plufieurs fois, & adminiftré les autres Sacremens. Mais en difant qu'il n'a efté enuoyé que pour prefcher l'Euangile, il a voulu marquer felon le ftyle de l'Efcriture, que c'eft la plus grande & la plus importante action de la puiffance Apoftolique & Epifcopale; & que c'eftoit la caufe pourquoy il s'y employoit plus qu'aux autres.

1. Cor. 1.

1. Cor. 4. 15.

Act. 16. v. 33.
Act. 19. v. 6.
Act. 20. v. 3.
& 1. Cor. 1.
v. 14.

ARTICLE IX.

Conclufion : Dans laquelle eft découuerte la veritab raifon, qui a porté Monfieur l'Euefque de la Vaur à déchirer fi cruellement dans tout fon Liure la memoire de feu Monfieur l'Abbé de fainct Cyran.

Il paroift par tout ce difcours, que fi les Iefuites & leurs partifans ont fçeu ce qu'ils faifoient, en parlant auec tant d'aigreur, & condamnant auec tant de hardieffe ceux qui tiennent que fainct Pierre & fainct Paul ont efté deux Chefs de l'Eglife, & qu'ils n'eftoient neantmoins qu'vn mefme Chef; il faut qu'ils ayent eu deffein de ruiner la Tradition de tous les fiecles, & l'autorité de tous les Papes, fur lefquelles cette verité eft fi puiffamment fondée, qu'on peut dire d'elle, comme de l'Eglife, que toutes les puiffances du monde ne la fçauroient renuerfer. Que s'ils n'ont pas fçeu ce qu'ils faifoient, & qu'ils ayent creu fincerement qu'vne doctrine fi folide, eftoit *vn phan-*

H ij

tofme, *vn fonge*, *vne chimere*, & *vn monftre*, pour vfer de leurs propres temes; il eft euident que l'efprit par lequel ils agiffent auiourd'huy, & excitent tant de troubles contre ceux qui n'approuuent pas leurs erreurs, eft vn efprit d'aueuglement & de tenebres: & qu'ainfi ceux qui les veulent fuiure, doiuent apprehender que fe laiffant conduire par des aueugles, ils ne tombent auec eux dans le malheur, qui eft predit par l'Euangile.

Mais il n'y a pas tant de fuiet de s'étonner que les Iefuites fe portent à de fi grands excez qui font les peine de plufieurs autres, qu'ils ont commis particulierement depuis quinze années, & qu'ils s'efforcent tous les iours de commettre, contre la Hierarchie de l'Eglife & les veritez les plus Catholiques, lors qu'ils ne les iugent pas conformes ou fauorables à leur *obligeante* Theologie. Ce font les effects de la paffion demefurée qu'ils tefmoignent pour conferuer leurs interefts, aux dépens de ce qu'il y a de plus fainct fur la terre. C'eft la fuitte de cette vie toute humaine & toute engagée dans les intrigues du fiecle, à laquelle les perfonnes vertueufes & defintereffées voyent auec gemiffement, que des Religieux comme eux s'abandonnent au deshonneur de noftre commune Religion; flattant les grands, intereffant les petits, & fe feruant de toute forte ce moyens, quelques honteux & illegitimes qu'ils puiffent eftre, pourueu qu'ils auancêt en quelques forte l'execution de leurs entreprifes iniuftes & violentes. C'eft ce que perfonne ne voudroit croire d'eux, & encore moins le dire s'il eftoit poffible, ou de ne voir pas ce qu'ils font à la veuë de tout le monde, ou de ne croire pas ce que l'on voit: puis que leurs actions tefmoignent publiquement qu'ils confiderent maintenant la fcience folide, la pieté, la fincerité, & la modeftie, comme des chofes peu vtiles pour auancer leurs affaires, defchirans tous ceux qui s'oppofent à eux, auec des iniures fanglantes & des calomnies groffieres, par lefquelles ils fe rendent odieux aux gens d'honneur, & à ceux qui craignent Dieu, & beaucoup plus à Dieu mefme, qui ne fe venge que trop en les abandonnant de la forte, & qui fe vengera

d'vne maniere plus vifible, en les ccuurant de confufion
pour les humilier lois qu'il aura deflein de leur faire mife-
corde.

Ie m'eftonne beaucoup plus qu'vn Euefque comme
Monfieur de la Vaur, qui par la feule confideration de fon
caractere, que ces perfonnes deshonnorent depuis tant
d'années par des libelles pleins d'outrages & d'erreurs, qui
ont efté cenfurez tant de fois & par de continuelles entreprifes, qui font les effects & la confirmation de ces libelles, les deuroit euiter comme les ennemis de fon ordre, & fe
ranger auec Meffeigneurs les Prelats les anciens, fes fupe-
rieurs, & fes peres; ait bien voulu fe ioindre à eux dans vne
caufe, où leurs amis mefmes les condamnent, & fe foit laiffé
emporter aux artifices, dont ils tafchent d'ordinaire de gai-
gner ceux qui font dans les plus grandes charges, comme
Meffeigneurs les Prelats, & qui les rendent au contraire
mefprifables aux plus genereux & aux plus iuftes.

Ie ne me mettray pas en peine, de defcouurir le nœud & le
reffort de cette nouuelle intelligence. Ie diray feulement
qu'elle eft peu honorable à Monfieur l'Euefque de la Vaur,
& quelle eft capable d'exciter des penfées, qui ne luy feroient pas aduantrgeufes, en ceux qui ne voyent nul fuiet
particulier qui l'ait peu obliger de prédre part à vne querelle
fi defraifonnable. Il aduoüe luy mefme que ceux qu'il atta-
que & qu'il perfecute d'vne façon extraordinaire, ne l'ont
iamais offenfé; & qu'ainfi il les hait gratuitement, comme
Iefus-Chrift a efté hay par les Iuifs; & comme tous fes fer-
uiteurs le doiuent eftre par leurs perfecuteurs, pour luy
eftre femblables, & pour auoir part à fa couronne.

De dire que c'eft le feul amour de la verité que les Iefuites fouftiennent, qu'il l'a obligé de fe declarer pour eux,
c'eft ce que les perfonnes iudicieufes auront peine de fe
perfuader, quand ce ne feroit qu'à caufe du refpect qu'elles ont pour tant d'illuftres Prelats, qui l'emporteroient
toufiours fur luy par le nombre quand ils ne luy deuroient
pas eftre preferez par quantité de raifons plus importantes;
lefquels improuuent & condamnent comme des maximes

H iij

pernicieuſes ces veritez imaginaires, qu'il a pris pour obieĉt
de ſon zele.

Mais les déreglemens de ſon liure ſont ſi viſibles, non ſeulement ceux qui touchent la doĉtrine, comme il paroiſt
aſſez dans le ſuiet de ce diſcours, ſans parler de tous les autres ; mais beaucoup plus ceux qui touchent les perſonnes,
leſquelles il charge de calomnies continuelles & d'iniures
auſſi éloignées de l'humanité, que de la grace ; qu'il n'y a
perſonne qui ne voye qu'il eſt impoſſible que l'eſprit de verité l'ait porté à eſcrire d'vn ſtyle, peu digne de ſon caraĉte-
re, & qu'il faut neceſſairement qu'il y ait eſté pouſſé par vn
autre eſprit, que l'honneur que ie veux rendre à ſa dignité,
encore qu'il ne l'honore gueres luy-meſme, ne me permet
pas de nommer.

Il eſt ſur tout eſtrange, de voir la paſſion auec laquelle il
s'emporte touſiours contre la memoire de feu Monſieur
l'Abbé de S. Cyran, dont le merite eſt reconnu de toute la
France, & particulierement de Meſſeigneurs les Prelats, &
qui eſt deuenu encore plus illuſtre par les impoſtures hon-
teuſes des Ieſuites, qui ont fait iuger à tout le monde, qu'il
falloit que ſa vertu fuſt extraordinaire, puis que des ennemis ſi hardis & ſi cruels, n'ont pû rien inuenter contre luy
qui fuſt ſeulement vray ſemblable. Ainſi Monſieur l'Eueſque de la Vaur deuoit conſiderer ſans doute, qu'il perdroit
plus d'honneur en outrageant vn ſi grand perſonnage, qu'il
ne luy en ſçauroit oſter par des mediſances, leſquelles ſont
malſeantes à tous les Chreſtiens, & meſme à tous les hommes, & particulierement aux perſonnes d'vne condition
releuée & d'vne profeſſion ſainĉte ; & encore plus aux Eueſques, qui doiuent eſtre les modeles & ſources de la vertu
du Chriſtianiſme, & qui ſe ſont touſiours acquis plus de
gloire en ſouffrant des violences, qu'en les faiſant ſouffrir
aux autres.

L'vne des conditions principales que l'Apoſtre leur demande pour eſtre dignes de leurs charges, c'eſt qu'ils ne
frappent perſonnne, & qu'ils gardent la modeſtie, *Non per-
cuſſorem, ſed modeſtum.* Ce qui ne s'entend pas ſeulment des

excez qui fe commettent contre les corps, mais beaucoup plus de ceux qui fe commettent contre les ames, felon ce que dit le mefme Apoftre, que *ceux qui frappent les confciences de leurs freres pechent côtre Iefus Chriſt.* Et il n'y a point de maniere plus dangereufe de les frapper, que lors qu'en bleffant la reputation des innocens, on bleffe les confciences des foibles, en leur imprimant de noires images des hommes les plus vertueux & les plus recommandables en fuffifance & en pieté, & en leur perfuadant qu'il eſt permis de les déchirer fur les tefmoignages de leurs ennemis, & fur les bruits confus de la calomnie.

2. Cor. 8.

Que fi Monfieur l'Euefque de la Vaur euft bienc onfideré à quoy il s'expofoit en preftant fa plume aux Iefuites, pour publier des inuectiues inhumaines, & exercer vne vengeance aueugle contre la memoire d'vn homme celebre, qu'il aduoüe n'auoir iamais connu, & qu'il reconnoiſt luy-mefme *eſtre cherie par quantité de perfonnes de qualité & de vertu*, qu'il dit *eſtimer & honorer particulierement* : S'il eut confideré la iufte recompenfe qu'il receuroit de cette action fi on luy faifoit iuſtice felon l'ordre de l'Eglife; Ie penfe qu'il auroit parlé auec plus de retenuë, & qu'il ne fe feroit pas imaginé que la medifance ait auiourd'huy la force de rauir l'innocence aux ames qui font auec Dieu, & la reputation à ceux dont la vie & la mort ont eſté honorées par les perfonnes les plus illuſtres & les plus venerables aux fidelles.

Dans l'Epiſtre à la Reyne.

Le premier Concile d'Arles ordonne, *Que ceux qui accufent fauffement leurs freres, foient priuez de la conmunion iufqu'à la mort.* Qui ne voit que Monfieur l'Euefque de la Vaur courroit grande fortune par cette loy, s'il eſtoit obligé de iuſtifier par des preuues affeurées, ce qu'il a efcrit contre la perfonne de feu Monfieur l'Abbé de fainct Cyran, puis qu'il ne s'eſt fondé que fur vne opinion vaine & entierement infoutenable, qu'il eſt Auteur du liure de la Frequente Communion, où il pretend auoir trouué les erreurs & les herefies qu'il luy attribue ? Car quand cét excellent liure feroit encore plus mauuais qu'il ne le fait, & quand les iu-

Dehis qui falsò accufant fratres fuos, placuit eos vfque ad exitum non communicres. Conc. I. Arel. c, 14.

gemens de tant de grands perſonnages qui l'ont approuué auec éloges , n'eſtoufferoient pas la voix d'vne perſonne qui teſmoigne l'accuſer auec beaucoup de paſſion , & auec peu de lumiere; comment pourroit-il euiter la condamnation qu'il auroit merité pour auoir noir-
cy la reputation d'vn Preſtre conſiderable , & l'auoir
chargé de tant d'outrages , ſur vne preſuppoſition qu'il
aduoüe luy meſme n'eſtre qu'vne *coniecture* , & que la foi-
bleſſe incroyable des raiſons dont il l'appuye , fait voir
éuidemment n'eſtre qu'vne impoſture éloignée de toute apparence ? Or cette accuſation , qui eſt la principale , & le
fondement de toutes les autres , & partant celle qu'il faudroit examiner la premiere , eſtant ſi manifeſtement in-
iuſte , qu'il ſeroit impoſſible à tous hommes du monde de
la ſouſtenir deuant des Iuges raiſonnables : Monſieur l'E-
ueſque de la Vaur ſeroit obligé de ſe ſouſmettre aux
loix de l'Egliſe , ſans pouuoir eſtre receu à prouuer les autres points, non ſeulement parce qu'il ſuffit d'eſtre conuain-
cu en vn ſeul , pour eſtre iuſtement condamné , mais auſſi
parce que les Conciles ordonnent , *Que toutes les fois qu'on*
accuſera les Clercs de pluſieurs crimes , & que les accuſateurs
n'auront pû prouuer le premier , ils ne ſeront point admis à prou-
uer les autres.

Mais ce qui eſt plus eſtrange , c'eſt que Monſieur l'Eueſque de la Vaur ſe ſoit pû perſuader que c'eſtoit vne choſe de ſi peu d'importance , de deſchirer de grands hommes par des iniures atroces ; qu'il ait creu le pouuoir faire
ſans ſe mettre en peine ſi le ſuiet qu'il prenoit pour fondement de ſes iniures , & qui ſeul , ſelon luy-meſme , pouuoit excuſer ſon action , eſtoit vray ou faux C'eſt , dit-il ,
vne diſcuſſion fort peu importante de ſçauoir ſi c'eſt le ſieur
de ſainct Cyran , ou le ſieur Arnauld qui ait eſté Auteur
du Liure de la Frequente Communion. Il reconnoiſt qu'il a
traitté Monſieur l'Abbé de S. Cyran d'*Ignorant* , de *Te-*
meraire , d'*Impoſteur* , & de *Calomniateur* : mais il pretend
que ç'a eſté auec ſuiet & par neceſſité. Et quel ſuiet , ſinon
d'auoir fait le liure de la Frequente Communion , qu'il
s'imaginoit

Page 2[.18.]
&c.

Placuit, vt
quotieſcũ-
que Clericis
ab accuſa-
torib⁹ mul-
ta crimina
obiiciuntur:
& vnum ex
his , de quo
prius ege-
rint, proba-
re non va-
luerint ad
cætera iam
non admit
tantur. Cóc.
Carth. 7. c. 3.
& ref. cauſa
1 qu. 10 c. 1.

Page 54.

s'imaginoit dans le trouble de sa passion & de celle d'au-
truy, estre remply d'ignorances, de temeritez, d'impostures, & de calomnies : & neantmoins il trouue que c'est
vne discussion fort peu importante de sçauoir si Monsieur
l'Abbé de S Cyran en est autheur ou non : Comme si c'e-
stoit vne discussion fort peu importante de s'asseurer si vn
homme a failly auant que de le punir, & de sçauoir s'il est
coulpable auant que de le traitter comme coulpable, &
de le noircir par toutes sortes d'iniures les plus outrageu-
ses & les plus sanglantes.

Cette seule consideration est suffisante pour renuerser
tout le liure de Monsieur l'Euesque de Lauaur, sans qu'il
soit besoin d'autre responce, puis qu'elle monstre euidé-
ment, que ce n'est que l'ouurage de la calomnie, & qu'il
n'a esté entrepris, que pour trouuer pretexte de desho-
norer la memoire d'vne personne recommandable par sa
suffisance extraordinaire, encore plus par son eminente
pieté, par son zele pour la Hierarchie de l'Eglise, & par
les benedictions & les honneurs qu'elle a receuë deuant
& apres sa mort, de Messeigneurs les Prelats, & de tous les
hommes sans passion.

Mais quels moyens pourroit inuenter Monsieur l'E-
uesque de la Vaur, pour verifier tant de choses estran-
ges qu'il a imposees à ce grand homme, le faisant passer pour vn Autheur de cabale, pour vn visionaire,
pour vn restaurateur de l'heresie des Illuminez, pires
que ne sont auiourd'huy les Caluinistres ? Comment
auroit-il l'asseurance de se presenter deuant vne assemblee de Prelats, pour le conuaincre par des pieces, ou
par des tesmoins irreprochables, qu'il a tenu que l'abso-
lution du Prestre n'est qu'vne simple declaration ? Comment pourroit-il seulement prouuer ce qu'il a escrit contre son Catechisme, où il l'accuse d'auoir enseigné que
les Prestres ne reçoiuent pas de Dieu la puissance de
remettre les pechez ; estant euident à tous ceux qui
ont quelque connoissance des faits dont il parle sur
cette matiere, que tout ce qu'il en dit est tres éloigné

de la verité, & qu'il ne faut que des yeux pour le conuaincre?

Certes si Monsieur l'Euesque de la Vaur ne se fust
persuadé, que la mesdisance demeureroit impunie, &
qu'il est permis auiourd'huy aux langues & aux plumes
enuenimees d'exercer publiquement toutes sortes de
violences contre les personnes mortes & viuantes,
quelque vertu & quelque merite qui les rende venerables à tous ceux qui ne sont point leurs ennemis declarez, il auroit sans doute vn peu temperé cette chaleur, & ce zele amer, qui semble l'auoir emporté hors
de luy mesme dans tout son liure ; & il auroit pris la
peine d'examiner auec plus de soin les calomnies que
les Iesuites luy ont fournies ; le respect que ie porte à
sa dignité m'empeschant de croire qu'il les ait inuen-
tees. Mais il faut esperer que ceux à qui Dieu a donné
la charge de conseruer la paix publique, le repos des
particuliers, l'honneur de la verité & de l'innocence,
& le respect qui est deu aux loix diuines & humaines,
ne souffriront plus vn desordre qui deuient tous les
iours plus grand & plus insupportable ; quand ce ne
seroit que parce qu'il n'y a personne qu'on ne puisse
deschirer de la sorte par des libelles diffamatoires, sur
tout apres la mort, lors qu'on n'apprehende plus ceux
qu'on a redouté durant leur vie.

Il est aisé de voir par le liure de Monsieur l'Euesque
de la Vaur, qu'il prend aduantage sur feu Monsieur
l'Abbé de Sainct Cyran, de ce qu'il n'a pas esté Euesque comme luy ; & qu'il en tire vn suiet de le mespri-
ser, comme vn homme qui est au dessous de son merite. Mais outre que tous ceux qui n'ont pas eu l'honneur d'estre Euesques, ne sont pas dignes de mespris ;
& qu'il y en a qui l'eussent pû estre deuant quelques
vns de ceux qui le sont, s'ils eussent eu autant de passion qu'eux, pour paruenir à cette dignité eminente &
diuine : & qu'ainsi l'esloignement qu'ils en ont eu par vn
humble respect, & par vne saincte horreur, les rend en-

côre plus grands & plus venerables ; ie ne penſe pas
que Monſieur l'Eueſque de la Vaur veüille qu'on s'i-
magine que c'eſt pour cette raiſon qu'il a conceu vne
paſſion ſi cruelle contre feu Monſieur l'Abbé de Sainct
Cyran , & que la qualité Epiſcopale , qui le doit rabaiſſer
autant au deſſous de tous les fidelles par charité & par
humilité , qu'elle l'eſleue par deſſus eux en autorité & en
puiſſance , luy ait donné quelque droict de traitter in-
dignement vn excellent homme , qui a tant honnoré cette principauté celeſte , & qui ne l'a iamais offenſé en particulier.

Me voyant donc obligé de deſcouurir la vraye cauſe
d'vne chaleur ſi vehemente , pour deſtromper ceux qui
la pourroient croire raiſonnable , parce qu'ils neverroient
aucun principe d'où elle peuſt eſtre née , que le ſeul zele de la iuſtice , auquel Monſieur l'Eueſque de la Vaur
veut qu'on l'attribuë ; ie ſuis contraint de dire , que l'ani-
moſité de ce Prelat contre feu Monſieur l'Abbé de Sainct
Cyran , ne vient que de l'vnion & de l'intelligence qu'il a
euë auec vn Religieux celebre , qui fut auteur de ſa de-
tention & de ſes ſouffrances. Car ce Religieux l'ayant ai-
dé à obtenir l'Eueſché de la Vaur , il creut luy deuoir teſ-
moigner ſa reconnoiſſance , en perſecutant celuy qu'il
perſecutoit : & au lieu que l'inſtinct de la nature &
de la foy luy deuoit donner de la compaſſion pour vn
Preſtre tres-innocent , qu'il voyoit affligé contre toute
forme de iuſtice ; le reſſentiment d'vne nouuelle dignité le porta à l'affliger encore d'auantage , & à violer les
loix de la charité , de peur de manquer à celles de la grati-
tude.

Ce bon Pere n'ignorant pas que ſon action paroiſ-
ſoit fort violente & fort extraordinaire à toutes les perſonnes ſages & moderées , & à tous ceux qui auoient
quelque eſtime pour la grande pieté & pour la grande
ſuffiſance de Monſieur l'Abbé de Sainct Cyran , taſ-
choit de l'adoucir & de la iuſtifier , en faiſant ſemer des
bruits dans les compagnies comme pour rauir s'il euſt

pû , l'innocence , à celuy à qui il auoit rauy la liberté. Et
ce fut alors que Monſieur l'Eueſque de la Vaur, qui n'a-
uoit iamais rien eu à demeſler auec Monſieur l'Abbé de
Sainct Cyran , commença de paroiſtre animé contre luy,
& de le deſcrier dans Paris comme s'il euſt eſté ſa partie.

Il s'employa particulierement pour publier vne cer-
taine propoſition qu'on diſoit auoir eſté trouuée parmy
les papiers de Monſieur de S. Cyran , touchant la fidelité des Eſpagnols enuers leur Roy , comme ſi c'euſt eſté vn
crime de leze Majeſté , de loüer la fidelité que des ſuiets
portent à leurs Princes , quand ce ſeroit des Payens & des
Barbares. Et parce que tous les hommes ſages ſe moc-
quoient de cette vaine accuſation, pour y apporter quelque couleur il luy donnoit des ſens , & y adiouſtoit des
termes & des exaggerations odieuſes , qui furent remar-
quez par des perſonnes de qualité, qui l'en pourront faire
ſouuenir , & qui n'ignoroient pas la ſource & le principe
de ce zele.

Il continua depuis de luy rendre de mauuais offices
dans les occaſions qui ſe preſenterent , & particulierement lors qu'il donna à celuy qui auoit alors tout pouuoir
de faux aduis qu'il auoit receus de quelques perſonnes in-
tereſſées, qui ioignirent leur paſſion à la ſienne, pour oſter
à ceſt homme de bien ſi iniuſtement perſecuté, la conſola-
tion que le Roy luy auoit accordée de voir vne fois la ſe-
maine ſes plus intimes Amis.

De ſorte que la tempeſte que Monſieur l'Eueſque
de la Vaur excite à preſent contre la memoire de feu
Monſieur l'Abbé de Sainct Cyran , n'eſt que la ſuitte de
celle qu'il a eſmeuë contre luy durant ſa vie. Sa paſſion ancienne a eſté renouuellée par les derniers enne-
mys de ce grand homme , comme elle luy auoit eſté inſ-
piree par le premier : & on peut dire qu'ayant eſté plantée
par celuy - cy , elle n'a eſté qu'arrouſée par les Ieſuit-
tes.

C'eſt pour cette meſme raiſon qu'il s'eſt tant eſtendu

fur l'herefie des Illuminez , comme fur vn point fort
confiderable contre ceux qu'il accufe ; & il a pris tant
de peine pour prouuer par vne Logique toute irregu-
liere , & auec auffi peu d'apparence que de raifon , que
feu Monfieur de Sainct Cyran eftoit le Chef, ou le reftau-
rateur de cette Secte imaginaire : parce que ce mefme
Pere à qui il auoit obligation , faifoit paffer pour Illuminez tous ceux qu'il perfecutoit : & il auoit cette Il-
lumination tellement imprimée dans l'ame , qu'il auoit
voulu perfuader au premier Miniftre du Roy que le dia-
ble auoit fait deffein depuis peu de remplir tout le monde
d'Illuminez, & qu'il y en auoit déja plus de dix mille en
France.

Voila l'Oracle duquel Monfieur l'Euefque de la
Vaur a appris des nouuelles de cette herefie meruueil-
leufe , de laquelle les autres hommes ont à peine oüy
parler , & que i'aduoüe m'eftre entierement inconnuë ,
comme ie croy qu'elle l'eft à tous ceux qui n'ont pas
receu les lumieres & les faueurs particulieres , dont il
a efté honnoré par ce Religieux. Ie puis dire deuant
Dieu , que c'eft auec regret que ie me voy forcé de parler
de ces chofes. Mais il n'eftoit pas iufte de fouffrir , que
Monfieur l'Euefque de la Vaur prift aduantage de l'i-
gnorance de ceux , qui ne font pas informez de ces cir-
conftances particulieres , pour fe vanter, comme il fait,
que dans le mouuement qui l'a porté à efcrire d'vne maniere fi prodigieufe , contre l'vn des plus excellens hommes de noftre fiecle , il n'a efté touché d'aucun intereft,
ny d'aucune confideration particuliere, & qu'il n'a eu en
veuë que la feule gloire de la verité & de la iuftice.
Il eftoit neceffaire de monftrer , que ce n'eftoit pas
affez de publier fi fouuent qu'il n'a iamais receu aucun
defplaifir de ceux à qui il a declaré la guerre ; mais
qu'il falloit encore qu'il n'euft pas receu aucun plaifir
de leurs ennemis , pour paroiftre auffi defintereffé,qu'il
veut qu'on le croye , dans vne entreprife fi extraordinaire.

Ie ne veux point parler icy des nouueaux engagemens qu'il peut auoir auec les Iesuites, & auec leurs par-
tisans, parce que n'en estant pas assez informé, ie me re-
mets à ce que le temps nous en fera connoistre. Seulement
il semble qu'il a suiet d'apprehender, que comme tout le
monde sçait que les Iesuites ne font rien gratuitement, on
ne se persuade aussi que ceux qui entrent dans leurs pas-
sions, entrent de mesme dans leurs mouuemens & dans
leurs pensees.

Au reste, ie supplie ces bons Peres de considerer, que
le poinct qui est traitté dans ce discours, & estant vne
verité de la Religion, & du sainct Siege, si grande & si importante, ils la doiuent respecter, s'il y respondent, en
changeant de style, & s'esloignant des artifices, des des-
guisemens, des faussetez, & des impostures, dont ils se
sont tousiours seruis iusques à present contre les escrits
de leurs aduersaires; & encore plus de ces declamations
furieuses, & de ces menaces de feu & de sang, par lesquelles ils ont offensé l'esprit de tous les hommes sages
& moderez, & la pieté de toutes les personnes vraye-
ment Chrestiennes, & ont fait vne playe à leur Compagnie, qu'ils ne sçauroient guerir, & qui publiera à iamais
de quel esprit elle est animee. Que s'ils escriuent contre
cette doctrine d'vne maniere si peu Chrestienne, & si
peu humaine tout ensemble, i'en ressentiray de la douleur pour eux : mais ie n'auray nul suiet d'en estre fas-
ché pour mon regard; & au contraire, ie me trouue-
ray deschargé de la peine de me defendre, parce qu'ils
me defendront assez eux mesmes, en tesmoignant par
leur excez que ces maximes establies sur l'autorité de
l'Escriture & des Saincts Peres, sont si fortes & si puis-
santes, qu'elles auront fait perdre le iugement à ceux
qui les auront voulu attaquer. Mais s'ils entrepren-
nent de respondre à cét escrit en hommes raisonna-
bles, en Chrestiens, en Theologiens, & en Prestres,
considerant les choses qui y sont exposees auec vn
esprit tranquille, & s'attachant aux fondemens sur

lefquels eſt appuyee la doctrine qu'ils condamnent; i'eſpere que l'experience leur fera voir, qu'elle eſt encore plus forte qu'elle ne paroiſt, & qu'elle peut eſtre ſou-
ſtenuë de nouueau par pluſieurs raiſons ſolides & importantes, qu'on reſerue pour ceux qui voudront combat-
tre ces veritez.

F I N.

TABLE DE CE QVI EST
CONTENV DANS
CE DISCOVRS.